AUGUST STRINDBERG

HISTORISCHE MINIATUREN

Ausgewählte Erzählungen
Mit zehn Holzschnitten
von Ellena Olsen

1989
Insel-Verlag · Leipzig

Originaltitel: Historiska miniatyrer
Aus dem Schwedischen übertragen, herausgegeben
und mit einer Nachbemerkung versehen
von Hans-Jürgen Hube

ISSN 0233-1047
ISBN 3-7351-0055-4

DIE ÄGYPTISCHE KNECHTSCHAFT

Der alte Ebenholzschnitzer und Kunsttischler Amram wohnte am Ufer des Stroms in einer Hütte aus Lehm, die mit Palmenblättern gedeckt war. Dort lebten auch seine Frau und seine drei Kinder. Er hatte ein gelbliches Gesicht und trug einen langen Bart. Geschickt in der Kunst, Elfenbein und hartes Holz zu schnitzen, diente er am Hofe des Pharao und war daher auch in den Tempeln beschäftigt.

Jetzt, an einem Morgen im Hochsommer, kurz vor Sonnenaufgang, stieg er aus dem Bett, steckte sein Werkzeug in einen Beutel und verließ seine Hütte. Auf der Schwelle hielt er inne und sprach, nach Osten gewandt, ein stilles Gebet. Und sodann begann er seine Wanderung zwischen Fischerbehausungen, stets dem schwarzen, geborstenen Flußrand folgend, wo Reiher und Tauben nach ihrem Morgenmahl ausruhten.

Der Fischer Nepht, sein Nachbar, untersuchte gerade seine Netze und sortierte Karpfen, Welse und Äschen in unterschiedlich große Behälter ein, die in seinem Boot standen.

Amram grüßte und wollte ein paar Worte zum Zeichen ihrer Freundschaft sagen:

»Hat der Nil aufgehört zu steigen?« fragte er.

»Bei zehn Ellen ist er stehengeblieben! Das aber heißt Hungersnot!«

»Weißt du, warum er nur fünfzehn Ellen steigen kann, Nepht?«

»Weil wir andernfalls ertrinken würden, das versteht sich«, erwiderte der Fischer einfältig.

»Ja, allerdings, und das sollen wir nicht. Der Nil hat also einen Herrn, der über den Wasserstand regiert, und derselbe, der das Sternengewölbe ausgemessen und die Grundfesten der Erde errichtet hat, setzte auch dem Wasser eine Grenze, und diese Grenze, die wir nicht sehen, sind die fünfzehn Ellen. Denn auch bei der großen Flut im Lande unserer Väter, im Lande Ur in

Chaldäa, stieg das Wasser nur auf fünfzehn Ellen, nicht mehr und nicht weniger. – Ja, Nepht, ich sage ›wir‹, denn du gehörst zu unserem Volk, wenn du auch eine andere Sprache sprichst und fremde Götter anbetest. Einen guten Morgen wünsche ich dir, einen sehr, sehr schönen guten Morgen, Nepht!«

Er ließ den beschämten Fischer hinter sich und gelangte bald in die Vorstadt, wo die Häuser der Bürger, die aus Nilschlammziegeln und Holz errichtet waren, anfingen.

Der Händler und Wechsler Eleazar machte gerade das Fenster seines Ladens auf, während sein Gehilfe draußen die Gasse mit Wasser besprengte.

»Einen gesegneten Morgen, Vetter Eleazar!« grüßte Amram.

»Kann ich nicht sagen«, erwiderte der Kaufmann mürrisch. »Der Nil ist stehengeblieben und fängt an zu sinken, da gibt es schlechte Zeiten.«

»Schlechten Zeiten folgen wieder gute Zeiten, so jedenfalls begriff es unser Vater Abraham, und als Josef, der Sohn Jakobs, die sieben mageren Jahre voraussagte, da riet er dem Pharao, die Scheunen zu füllen ...«

»Das mag schon sein, bloß das ist vergangen und vergessen!«

»Ja, auch du hast das Versprechen vergessen, das Versprechen, das Gott seinem Freund Abraham gegeben hat ...«

»Das vom Lande Kanaan? Darauf haben wir vierhundert Jahre gewartet, und jetzt sind statt dessen Abrahams Kinder Knechte geworden ...«

»Abraham war gläubig in bösen wie in guten Zeiten, in Freud und Leid, und das ist ihm als Rechtschaffenheit ausgelegt worden.«

»Ich bin überhaupt nicht gläubig«, unterbrach ihn Eleazar. »Doch, ich glaube, daß alles schlechter werden wird und daß ich meinen Laden schließen muß, wenn eine Mißernte kommt ...«

Amram ging betrübt weiter und kam zum Marktplatz, wo er sich ein Durrha-Brot, ein Stück Aal und ein paar Zwiebeln kaufte. Als die Verkäuferin das Geldstück entgegennahm, spuckte sie darauf, und Amram tat dasselbe, als er das Wechselgeld zurückbekam.

»Spuckst du auf das Geldstück, Hebräer?« kreischte die Händlerin.

»Man nimmt die Sitten des Landes an!« erwiderte Amram.

»Antwortest du noch, unreiner Hund?«

»Auf eine Frage antworte ich, aber nicht auf Beschimpfungen.«

Der Hebräer ging weiter, denn schon gab es einen Volksauflauf. Er begegnete dem Barbier Enoch, und sie begrüßten sich mit einem Zeichen, das die Fremden erfunden hatten und das bedeutete: Wir glauben an die Verheißung Abrahams und warten geduldig in dieser Hoffnung.

Amram erreichte endlich den Tempelplatz, durchschritt die Allee der Sphinxe und blieb vor einer kleinen Tür im linken Pylon stehen. Siebenmal schlug er mit der Hand dagegen, und da erschien ein Diener, nahm Amram beim Arm und führte ihn hinein. Ein junger Priester verband seine Augen mit einer Binde, und nachdem der Beutel des Schnitzers untersucht worden war, nahm man ihn bei der Hand und führte ihn durch den Tempel. Mitunter ging es über Treppen hinauf, mitunter hinab, manchmal auch geradeaus. Man wich Säulen aus, und das Murmeln von Wasser war zu hören; einmal roch es feucht, ein andermal nach Weihrauch.

Schließlich blieb man stehen und nahm die Binde von Amrams Augen. Er befand sich in einer kleinen Kammer mit bemalten Wänden. Darin standen ein paar Bänke und ein Schrank. Eine mit Schnitzwerk aus Ebenholz und Elfenbeineinlagen reich verzierte Tür trennte die Kammer von einem größeren Saal, der sich auf der einen Seite mit einer breiten Treppe zu einer Terrasse nach Osten hin öffnete. Der Priester ließ Amram allein, nachdem er ihm gezeigt hatte, wie die Tür ausgebessert werden sollte, und ihm mit einer nicht mißzuverstehenden Geste Schweigen und Verschwiegenheit auferlegt hatte.

Als Amram nun allein war und sich zum ersten Mal innerhalb jener heiligen Mauern befand, die einem Hebräer keine Ehrfurcht einflößen konnten, wurde er doch von einem gewissen Schauer vor all dem Geheimnisvollen überwältigt, von dem er schon in seiner Kindheit hatte berichten hören. Und um seine

Angst vor dem Unbekannten abzuschütteln, beschloß er, seiner Neugier nachzugeben, auch auf die Gefahr hin, hinausgewiesen zu werden, falls er jemandem begegnete.

Zum Schein nahm er, als er in den großen Saal hinaustrat, einen Feinhobel in die Hand.

Es war ein sehr großer Raum mit einem in Rosengranit gefaßten Springbrunnen in der Mitte, aus dessen Bassin ein Obelisk ragte. Auf die Wände waren Figuren in einfachen Farben gemalt, meist in rotem Ocker, gelb und schwarz.

Er streifte seine Sandalen ab und schritt weiter in einen Säulengang hinein, wo Mumienschreine aufgerichtet an den Wänden standen.

Dann gelangte er in einen Kuppelsaal, dessen Gewölbe mit den großen Sternbildern des nördlichen Sternenhimmels bemalt war. Genau darunter stand ein Tisch, auf dem eine mit kartenähnlichen Zeichnungen bedeckte Erdhalbkugel lag. Am Fenster des gleichen Raumes fand sich ein weiterer Tisch mit einem Modell der größten Pyramide, das auf einem Meßbrett mit Skala aufgebaut war, und daneben stand ein Alidad, ein Gerät zur Winkelmessung.

Ein Ausgang war nirgends zu sehen, doch nach einigem Suchen entdeckte der Uneingeweihte eine Treppe aus Akazienholz, die sich in einem hölzernen Turm nach oben wand. Amram stieg und stieg, doch als er durch ein Guckloch hinaussah, fand er, daß er immer noch auf gleicher Höhe mit dem Dach des Kuppelsaals war. Nun stieg er weiter, und nachdem er wiederum hundert Stufen gezählt hatte, blickte er abermals hinaus. Da befand er sich auf gleicher Höhe mit dem Boden des Kuppelsaals.

Im selben Augenblick öffnete sich eine Brettertür, und ein älterer Mann in einer Art Priestergewand empfing Amram mit einem Gruß, der für einen bekannten erwarteten Vorgesetzten bestimmt schien, doch als er einen Fremden vor sich sah, wurde er stutzig, und die beiden Männer betrachteten einander lange, ehe sie Worte herausbringen konnten.

Amram, der sich in der unvorteilhaften Lage des Überraschten sah, ging zuerst zum Wortgefecht über:

»Ruben, erkennst du mich denn? Deinen Freund aus der Jugendzeit und Vertrauten in der Verheißung?«

»Amram, Jochebeths Mann, Kehats Sohn! Ja, ich kenne dich!«

»Und du bist hier? Seit dreißig Jahren bist du aus meinem Gesichtskreis verschwunden.«

»Und du?«

»Ich bin hergerufen worden, um eine Tür auszubessern, das ist alles. Und weil ich allein gelassen worden bin, wollte ich mich umschauen.«

»Ich bin Schreiber an der Hochschule …«

»Und du opferst jetzt fremden Göttern?«

»Nein, ich opfere nicht, Amram, und den Glauben an die Verheißung habe ich bewahrt, Amram. Ich bin in dieses Haus eingetreten, um an den Geheimnissen der Weisen teilhaben zu können und um die Festung, die Israel gefangenhält, von innen her öffnen zu können.«

»Geheimnisse? Wieso sollte das Höchste geheim sein?«

»Deshalb, weil die Leute nur das Niedere begreifen.«

»Ihr glaubt doch selbst nicht an diese Tiere, die ihr als heilig bezeichnet?«

»Nein, sie sind lediglich Symbole, sichtbare Zeichen, um das Unsichtbare anschaulich machen zu können. Wir Priester und Gelehrte verehren den Einzigen, den Verborgenen, in dessen sichtbarer Gestalt: in der Sonne, die das Leben spendet und erhält. – Du erinnerst dich doch noch, wie in unserer Jugend der Pharao Amenophis der Vierte mit Gewalt die alten Götter abgeschafft und die Anbetung der heiligen Tiere ausgemerzt hat! Er ist von Theben her weit den Strom hinab gezogen und hat die Lehre von einem einzigen Gott verkündet. Weißt du, woher er diese Lehre empfangen hatte? Von Israel, das sich nach Josefs Verheiratung mit Anset, der Tochter des vornehmen On-Priesters, vermehrte, und sogar Töchter aus den Familien der Pharaonen hat man geheiratet. Aber nach dem Tod des Amenophis ist alles wieder rückgängig gemacht worden. Die Residenz wurde nach Theben zurückverlegt, die alten Götter wurden wieder vorgekramt, alles nur für das Volk.«

»Und ihr fahrt fort, den Einzigen, den Verborgenen, den Ewigen zu verehren?«

»So machen wir's!«

»Ist dann euer Gott derselbe wie der Gott Abrahams, Isaaks und Jakobs?«

»Wahrscheinlich, da es ja wohl bloß einen gibt!«

»Merkwürdig ist das! Aber wieso verfolgt ihr dann noch die Hebräer?«

»Fremde Völkerschaften lieben sich meistens nicht. Du weißt, daß unser Pharao jüngst erst die Syrier mit Krieg überzogen hat... das Cheta-Volk.«

»Im Lande Kanaan und seiner Umgegend, im Lande unserer Väter und der Verheißung! Siehst du, der Herr Zebaoth, unser Gott, schickt ihn hin, um den Weg für unser Volk zu bahnen.«

»Glaubst du denn noch an die Verheißung?«

»So sicher, wie der Herr lebt! Und eine Stimme sagt mir, daß die Zeit wohl bald erfüllt ist, da wir unsere Knechtschaft hinter uns lassen und in das gelobte Land wandern können.«

Der Schreiber erwiderte nichts, sein Gesicht aber drückte sowohl Zweifel an Amrams Worten als auch das Wissen von etwas ganz anderem aus, das bald eintreffen würde.

Amram, der in seinem Glauben nicht durch irgendwelche neue Erläuterungen irregemacht werden wollte, unterbrach sich und redete von etwas anderem, Gleichgültigem.

»Das ist eine merkwürdige Treppe.«

»Ein Aufzug ist es, und keine Treppe.«

Amram warf einen Blick zum Kuppeldach empor und fand einen neuen Haken, der das Gespräch, das er doch nicht fallenlassen wollte, halten konnte.

»Ist dies der Himmel?« fragte er.

»Dies ist der Himmel.«

»Mit seinen Geheimnissen?«

»Ach was, welche Geheimnisse denn? Für den, der sie begreifen kann, sind sie zugänglich.«

»Sage sie mir in ein paar Worten!«

»Die Sternenwissenschaft ist zwar nicht mein Gebiet, und ich weiß nur wenig darüber, aber trotzdem will ich's mit wenigen Worten versuchen: Das Gewölbe da oben ist der Himmel, und das Brett, das da auf dem Tisch liegt, ist die Erde. Jetzt sagen die Weisen folgendes: Anfangs ruhten die Erde, Sibu, und der Himmel, Nuit, Seite an Seite. Das heißt: sie waren eins! Aber die Gottheit der Luft und des Sonnenlichts, Shu, hob den Himmel und setzte ihn als Gewölbe über die Erde. Die festen Sternbilder, die wir kennen, stellen also gleichsam einen Abdruck, ein Wachsbild der Erde dar, und indem sie in den Sternen lesen, können die Gelehrten die unbekannten Landstriche unserer Erde erforschen.

Betrachte daraufhin die Sternbilder, die du kennst! Im Norden den Großen Bären; im Süden zu einer bestimmten Jahreszeit den Jäger – Orion mit seinen vier Sternen im Viereck und seinen dreien mitten darin. Diese drei nennen wir Hebräer ›Jakobs Stab‹, und durch den obersten von ihnen geht der Himmelsgleicher oder Äquator, der dem Erdgleicher entspricht, an welchem, wie geglaubt wird, die Quellen unseres Nils liegen. Weiterhin kennst du auch das uns so teure Sternbild ›Fluß‹ (Nil). Sieh, wie er hier vom Jäger (Orion) wegfließt und sich am Himmel in ebenso vielen Windungen krümmt, wie er das hier auf der Erde tut. Also: Wer die verborgenen Geheimnisse der Erde wissen will, soll sie aus dem Himmel erlernen. – Unsere Gelehrten kennen bloß diejenigen Länder, die gegen Sonnenaufgang liegen, aber die Landstriche, die unter dem Großen Bären im Norden ruhen, sind uns unbekannt, desgleichen diejenigen Länder, welche gegen Sonnenuntergang liegen. Aber es will scheinen, als seien diese Länder unter dem Großen Bären noch zu großen Aufgaben bestimmt. Vier und drei sind ihre Zahlen, wie auch die des Jägers. Die Drei verkörpert das Göttliche mit seinen Attributen, die Vier ist das Vollkommene in seiner Möglichkeit. Drei und vier bilden die wunderbare Zahl Sieben.

Den Göttern opfert man nach der ungeraden Zahl Drei, den Menschen nach der geraden Zahl Vier. Das ist es ungefähr, was ich so im Vorbeigehen von den Geheimnissen des Himmels mitbekommen habe. Willst du nun einiges über die Entsprechungen auf der Erde wissen, so laß uns unsere Pharaonen-Gräber betrachten, welche – außer dem sichtbaren Zweck, als Gräber zu dienen – noch eine Aufgabe erfüllen, nämlich diejenige: sie sollen in Zahlen und Maßen das verbergen, was die Weisen über die gegenseitigen Beziehungen von Sibu und Nuit herausfinden konnten. – Zuerst dies: Das Pharaonengrab oder die Pyramide ist mit den Zahlen Vier und Drei verbunden; die Grundfläche mit vier, die Seitenflächen mit drei, worin ja eines der Geheimnisse des Himmels besteht. Aber die Grundfläche der großen Pyramide ist 365 heilige Ellen breit. Da hast du die 365 Tage des großen Jahres. Aber die Kante einer Seitenfläche der Pyramide beträgt 186 Großellen oder ein Stadion. Da siehst du, woher man das Wegmaß genommen hat.

Vervielfältigst du die Breite der Grundfläche mit der Zahl 500, wobei 500 ungefähr der doppelten Breite in Großellen entspricht, so erhältst du eine Strecke, die ein Dreihundertsechzigstel des ganzen Kreises ausmacht, den die Sonne in einem Jahr durchwandert, denn ein kleines Jahr hat 360 Tage. Diese Strecke entspricht vier Zeitminuten, so daß die Menschen, die einen Grad westlich von uns wohnen, die Sonne vier Zeitminuten später aufgehen sehen als wir … An mehr über Zahlen und Maße kann ich mich nicht erinnern; willst du weiteres erfahren, zum Beispiel, weshalb die Seiten der Pyramide eine Neigung von 51 Grad haben, so müßtest du Sternkundige fragen. Der Gang abwärts zur Grabkammer dagegen hat eine Neigung von 27 Grad, was wiederum dem Unterschied zwischen der Neigung der Weltachse und derjenigen der Erdachse entspricht.«

Amram war mit besonderer Aufmerksamkeit den Deutungen der Pharaonengräber durch den gelehrten Schreiber gefolgt, und wenn Ruben Zahlen nannte, lauschte sein Zuhörer und schloß die Augen, als wolle er etwas im Gedächtnis behalten. Endlich unterbrach er ihn und nahm selbst das Wort:

»Du hast zuletzt jene 27 Grad erwähnt. Gut! Das ist nicht die Neigung der Weltachse, sondern diejenige des Mittelpunkts der Milchstraße (der Winterstraße), der wahrscheinlich die eigentliche Weltachse ist und 27 Grad nördlich vom Äquator liegt, während die Neigung der Erdachse gegenüber der Sonnenbahn 23 Grad beträgt. – Doch du hast die dritte Pyramide vergessen, die des Menkheres, deren Grundfläche eine Breite von 107 Großellen hat. Diese Zahl 107 findet sich im Weltall dreimal oder fünfmal wieder, denn 107 Sonnen haben zwischen Erde und Sonne Platz; 107 ist die Entfernung des Planeten Venus von der Sonne; 107 ist der Abstand des Jupiters von der Sonne, in Planeteneinheiten oder deren Vielfachen ausgedrückt.«

Ruben stutzte.

»Wieso? Wo hast du das her? Hier läßt du mich stehen und spielst den Narren! Wo hast du das studiert?«

»Bei unseren Ältesten und Weisen, die die Erinnerungen an die Heimat Ur in Chaldäa bewahrt haben. Ihr verachtet Assur, ihr Männer von Ägypten, denn ihr glaubt, der Nil sei der Mittelpunkt der Erde. Doch es gibt viele Mittelpunkte im Unendlichen. Hinter Assur, am Euphrat und am Tigris, liegt ein anderes Land an einem anderen Fluß, und dieses Land heißt Siebenstromland, weil dessen Ströme auch in sieben Armen ausmünden wie der Nil.«

»Der Nil hat sieben Arme. Du hast recht, wie dieser siebenarmige Leuchter ...«

»Welcher das Weltlicht bedeutet, das von jedem Lande her leuchten soll, wo ein Strom sich teilt, um ins Weltmeer zu fließen. Die Flüsse, siehst du, sind die Blutgefäße der Erde, und wie diese führen sie abwechselnd blaues und rotes Blut; so hat unser Land seinen blauen und seinen blutroten Nil. Der blaue ist giftig wie das dunkle Blut, und der rote ist fruchtbringend, er gibt Leben wie das rote Blut. So hat alles Geschaffene seine Entsprechungen, oben am Himmel und unten auf der Erde, denn das All ist eins, und der Herr des Alls ist nur einer, ein und derselbe!«

Ruben schwieg und hörte zu.

»Erzähle mehr!« sagte er schließlich.

Amram fuhr folgendermaßen fort:

»Die Pharaonengräber sind ebenfalls aus der Erde emporgewachsen, auf der sie ruhen. Das erste oder größte ist nach dem Vorbild des Meersalzes erschaffen worden, wenn es in der

Sonnenhitze gerinnt. Wenn du durch einen Tautropfen in einen Salzblock hineinsehen könntest, so fändest du, daß er aus unendlich vielen Quadersteinen aufgebaut ist, wie die große Pyramide. Wenn du jedoch Alaunlauge zu Stein gerinnen läßt, so wirst du ein ganzes Feld von Pyramiden sehen. Der Alaun ist das Salz des Lehms. Da hast du also das Salz der Erde und das des Meeres!

Aber es gibt noch eine weitere Art von Pyramiden, die mit abgeflachter Spitze. Das ist die Urform des Schwefels, wie er aus dem Kalk hervorwächst. Nunmehr haben wir Wasser, Erde und Kalk mit seinen Feuersteinen. Indessen, es gibt noch eine dritte Art von Pyramiden, die mit abgestutzten Ecken; sie gleichen dem geronnenen Quarz oder Bergkristall. Da hast du das Grundmodell der Berge. Nun wird man bei genauerer Untersuchung alle diese Formen und Urstoffe im Nilschlamm wiederfinden: den Lehm, das Salz, den Schwefel und das Quarz. Deswegen ist auch der Nil das Blut der Erde, und die Berge sind das Fleisch, nicht die Knochen.« –

Ruben, der jetzt den Namen Phator trug, hatte Amram mit Angst und Bewunderung betrachtet, und erst als dieser geendet hatte, öffnete Ruben wieder seinen Mund:

»Du bist kein Ebenholzschnitzer und Kunsttischler, du bist nicht Amram.«

»Ich bin allerdings Ebenholzschnitzer und Tischler, aber ich stamme auch aus Israels Priesterschaft. Ich bin der Sohn Kehats, welcher Levis Sohn war; und der war der Sohn Jakobs, und der war der Sohn Isaaks, und der war der Sohn Abrahams. Ich bin Levit und Jochebeths Ehemann. Mirjam und Aron sind die mir geborenen Kinder, das ungeborene erwarte ich. – Und jetzt gehe ich zurück zu meiner Arbeit, begleite mich!«

Phator ging voran, schlug jedoch einen anderen Weg ein als den, welchen Amram gekommen war.

Als sie an einer offenen Tür vorbeigingen, die in einen großen Saal mit Bücherregalen führte, blieb Amram neugierig stehen und wollte hineingehen, um sich die vielen Bücher anzusehen. Doch Phator hielt ihn am Gewand fest.

»Dahin geh nicht! Da sind lauter Hinterhalte und Schlingen.

Der Buchwächter sitzt mitten im Saal versteckt und wacht eifersüchtig über die Schätze. Er hat den Fußboden mit trockenen Weidenruten auslegen lassen, die laut knarren, wenn man darauf tritt. Er hört, wenn jemand sich hereinschleicht, und er merkt es, wenn irgendein Schreiber die verbotenen Bücher sehen will – das ist ein Zauberer! – Er hat uns gehört, und er tastet nach uns! Spürst du nicht, wie eine kalte Schlangenzunge deine Backe, deine Stirn, deine Lider berührt?«

»Ja, wirklich!«

»Das ist er. Er streckt die Finger seiner Seele aus, so wie wir unsere Arme! Aber jetzt kappe ich einfach seinen Tastfinger, der uns untersuchen will!«

Er holte ein Messer hervor und machte einen Schnitt in der Luft vor ihnen beiden.

Amram verspürte ein Gefühl von Wärme, und im selben Augenblick sah er eine große Natter sich im Todeskampf am Boden winden.

»Ihr treibt hier schwarze Kunst?« fragte er.

»Hast du das nicht gewußt?«

»Ich habe es zumindest nicht erhofft.«

In diesem Augenblick schien es so, als habe sich die Wand geöffnet, und eine feuchte Mauer aus Nilschlamm wurde sichtbar, auf der sich Krokodile und Schlangen wälzten, während ein Flußpferd drohend mit seinen Vorderfüßen aufstampfte.

Amram packte das Entsetzen, aber Phator holte ein Amulett in Form eines Skarabäus hervor, hielt es wie einen Schild vor sich und schritt mitten durch die Schrecknisse hindurch, die sich auflösten wie Rauch, und Amram folgte ihm.

»Er verdreht uns nur die Sinne, der schwarze Mann«, sagte Phator. Und als er mit der Hand durch die Luft wischte, löste sich alles in Dunst auf.

Nun standen sie wieder im ersten Saal, und auf den Nilmesser zeigend, sagte Amram:

»Hungersnot!«

»Es gibt keinen Zweifel daran; daher sollen auch alle überflüssigen Mäuler gestopft werden in …«

»Wie?«

Phator hatte zuviel gesagt, und er merkte es.

»Ich meine«, fuhr er fort, »der Pharao muß jetzt darauf bedacht sein, Getreide zu beschaffen.«

»Er könnte jetzt einen Josef gebrauchen.«

»Wozu?« unterbrach ihn Phator, heftiger als er wollte. »Weißt du nicht, daß Josef, der Sohn Jakobs, die Ägypter selbst zu Leibeigenen des Pharaos gemacht hat? Eure Urkunden, unsere Urkunden berichten, daß er das Land der Bauern als Pfand für die Hilfe während der sieben mageren Jahre genommen hat und daß dadurch der Pharao der alleinige Besitzer ägyptischen Grunds und Bodens wurde.«

»Du bist nicht Ruben, du bist Phator, ein Ägypter; denn wärest du von Israel, hättest du nicht so geredet! – Mögen sich unsere Wege also trennen! – Nun gehe ich an meine Arbeit!«

Amram begann mit der Ausbesserung der Tür, und Phator glitt hinaus in die Schatten der Säulen und verschwand. Aber Amram sah an seinem gekrümmten Rücken, daß er böse Absichten hegte.

Als Amram am Abend nach Hause kam, hatte sein Weib einen Jungen geboren. Er war wie andere kräftige Kinder, aber er schrie nicht; und er wurde nach dem Bad in Leinentücher gehüllt und in die dunkelste Ecke der Hütte gelegt.

Am folgenden Morgen, vor Sonnenaufgang, ging Amram wieder zur Arbeit in den Sonnentempel, wieder wurde er mit verbundenen Augen in die Kammer geführt, und danach ließ man ihn allein, ohne ihm Ratschläge oder Warnungen zuteil werden zu lassen, wie er sich zu benehmen hätte. Diese Sorglosigkeit erschien ihm als Gleichgültigkeit und deutete auf allgemeine Schlaffheit im Tempeldienst. Daher ging er wieder hinaus in den Säulensaal; mit Unruhe sah er am Nilmesser, wie das Wasser gesunken war. Also keine Hoffnung auf die fünfzehn Ellen, die der Boden für die Aussaat dieses Jahres brauchte. Er ging weiter hinaus auf eine Terrasse gegen Sonnenaufgang und gelangte unter einen offenen Säulengang. Doch ehe er weiterging, traf er die

Vorsichtsmaßnahme, kleine Fetzen von Papyrus als Wegweiser für seine Rückkehr fallen zu lassen.

Er ging über Höfe, die eng waren wie Brunnen, hütete sich aber vor Treppen, gewarnt durch die Erfahrung des gestrigen Tages.

Schließlich befand er sich in einem Wald von Säulen, deren Kronen als Lotosknospen ausgebildet waren, und als er lauschte, hörte er so etwas wie leisen Gesang von Kinderstimmen, oben vom Dach her. Als er das Ohr an eine Säule legte, vernahm er ihn stärker, es klang wie Musik von Zither und Harfe. Das war ja die Sonne, er wußte es, die schon die Dachsteine wärmte und gerade jetzt aufging.

Er ging noch ein paar Schritte weiter, und auf einmal tat sich vor ihm eine Terrasse mit einem Opferaltar auf. Diese Terrasse senkte sich mit einer Sphinxtreppe hinab zum Strom, und dieses gesamte Tal erweiterte sich, im Osten begrenzt von einer Bergkette, zum Roten Meer hin. Am Altar stand ein Priester in weißen, mit Purpur gezierten Gewändern. Die Arme hatte er gegen den Himmel ausgestreckt, und so stand er unbeweglich. Seine Hände waren gänzlich weiß, denn das Blut war in die Arme zurückgeströmt. Das Gesicht des alten Mannes schien sich von der Kraft zu straffen, die er mit den Händen von oben herabholte. Hin und wieder zuckte es in seinem Körper, als hätten Ströme von Feuer ihn erfaßt. Still war er und blickte nach Osten.

Da schob sich der glänzende Rand der Sonnenscheibe über den Gebirgskamm, und die weißen Hände des Priesters wurden durchsichtig rosenrot wie sein Gesicht. Und er öffnete seinen Mund und redete:

»Sonnengott, Herrscher des Strahlenglanzes, gepriesen seiest Du am Morgen, wenn Du aufgehst, und am Abend, wenn Du hinabsteigst! Ich rufe zu Dir, Herr der Ewigkeit, Du Sonne der beiden Horizonte, Du Schöpfer, der Du Dich selbst geschaffen hast. Alle Götter jubeln laut, wenn sie Dich, Himmelskönig, erblicken; ich werde von neuem jung, wenn ich Deine Schönheit sehe. Heil Dir, der Du gehst zum Lande des Lebens, Du Vater der Götter!«

Er verstummte und blieb stehen, die Arme der Sonne entgegengestreckt, so als sauge er aus ihr Wärme.

Da vernahm man plötzlich, draußen im Säulenwald, Waffengeklirr, das aber sogleich wieder aufhörte, und unmittelbar darauf erschien ein hochgewachsener Mann, bartlos, in Gold und Purpur gekleidet. Lautlos ging er wie ein Panther, und es sah so aus, als schwebe er über dem blanken Fußboden dahin, der sein Bild, das ihm folgte, als hellen Schatten spiegelte, auf den er trat, als er sich vorwärts bewegte. Nachdem er auf die Terrasse hinausgetreten war, verlieh ihm die Sonne einen dunklen Riesenschatten, der wie ein Teppich hinter ihm lag.

»Schon im Gebet, du Weisester unter den Weisen?« begrüßte der Pharao seinen obersten Priester.

»Mein Herrscher hat mich gerufen, dein Diener hat gehorcht. Mein Herrscher ist nach langen und ruhmvollen Siegeszügen in fernen, fremden Gegenden in sein Land zurückgekehrt. Nun grüßt dein Diener Pharao von Angesicht zu Angesicht.«

Der Pharao setzte sich auf einen Thronsessel, das Gesicht der aufgehenden Sonne zugekehrt, und begann zu reden wie derjenige, der seine Gedanken ordnen will:

»Meine Wagen sind über Syriens rotes Erdreich gerollt; meine Pferde sind dahingestampft über die Heerstraßen Babylons und Ninives; den Euphrat und den Tigris habe ich überquert, das Land zwischen den zwei Strömen durchzogen; ich kam in das Land der fünf Ströme und habe die sieben in der Ferne gesehen, wo das Seidenland anfängt, welches sich bis Sonnenaufgang erstreckt; dann habe ich mich zurückgewandt auf meiner eigenen Spur und bin weiter nach Norden gezogen, nach Skythien und in die Kolchis. – Wohin ich auch gelangte, da vernahm ich Murren und sah Unruhe. Die Völker sind erwacht; in den Tempeln prophezeite man die Wiederkunft der Götter; den Menschen nämlich ist es überlassen worden, ihre Geschäfte selbst zu besorgen und ihre Geschicke zu lenken, aber sie haben all dies schlecht besorgt; Recht ist Unrecht geworden und Wahrheit Lüge; die ganze Erde seufzte nach der Erlösung. Zuletzt erreichten die Gebete doch den Thron, nämlich den Thron des Allerbarmers.

Und jetzt verkünden die Weisen, die Sanften und die Heiligen in allen Sprachen die günstige Botschaft: die Götter werden wiederkehren! Sie kommen zurück und helfen den Menschenkindern, all das zu ordnen und zu entwirren, was sie durcheinandergebracht haben; sie stiften Gesetze und beschützen das Recht. Diese Botschaft bringe ich als Siegesbeute heim, und du, Weisester unter den Weisen, sollst sie als erster von deinem Herrscher vernehmen!«

»Du hörst, mein Pharao und Herr, was auf dem ganzen Erdkreis geredet wird, dein Auge blickt über die Sterne des Himmels hinaus, es schaut weiter als das Auge der Sonne!«

»Und dennoch – was die Götter mir im Traum zu hören gaben, hat zwar mein Ohr vernommen, mein Verstand aber nicht erfaßt. Deute mir diesen Traum!«

»Sage ihn, o Herrscher!«

»Nichts sah ich, doch hörte ich eine Stimme, als der Schlummer das Licht meiner Augen gelöscht hatte. Und sie redete in der Finsternis und sagte mir: ›Die rote Erde wird sich ausbreiten über alle Länder der Welt, aber die schwarze wird zerrinnen wie der Sand am Meer.‹«

»Schwer ist es nicht, den Traum meines Herrschers zu deuten, doch verkündet er nichts Gutes!«

»Deute ihn!«

»So höre! – Die rote Erde ist Syrien, das weißt du, Herr; Syrien, wo das elende Cheta-Volk wohnt, ist das ererbte Land der Hebräer: Kanaan. Die schwarze Erde ist das Land des Nils, Ägypten, dein Land, o Herr!«

»Schon wieder die Hebräer, immer die Hebräer! Jahrhunderte sind schon vergangen, seit dieses Volk in unser Land eingewandert ist. Sie haben sich vermehrt, ohne uns zu beunruhigen. Ich liebe sie nicht, aber ich hasse sie auch nicht; aber von nun an fürchte ich sie. Arbeiten mußten sie, in letzter Zeit mehr und schwerer als je zuvor; aber sie murren nicht; sie sind geduldig, als erwarteten sie etwas ganz Bestimmtes, das kommen wird.«

»Laßt sie frei, o Herr!«

»Nein, dann gehen sie hin und gründen ein eigenes Reich.«

»Laßt sie los!«

»Nein, ich will sie vernichten!«

»Laßt sie frei!«

»Ganz sicher, ich will sie vernichten!«

»Doch der Traum, o Herr?«

»Den deute ich als eine Warnung und Ermahnung.«

»Nicht als eine Voraussage dessen, was unvermeidlich kommen wird?«

»Nein, als eine Warnung und Ermahnung.«

»Rühre dieses Volk nicht an, o Herr, denn sein Gott ist stärker als der unsere!«

»Ihr Gott ist der der Chaldäer. Sollen doch unsere Götter kämpfen! – Gesprochen habe ich, du hast es gehört; ich setze nichts hinzu und nehme nichts zurück.«

»O Herr, du siehst eine Sonne am Himmel, und du glaubst, daß sie über allen Völkern leuchtet; glaubst du nicht, daß der Herr des Himmels ein und derselbe ist, der über das Schicksal aller Völker regiert?«

»So sollte es sein! Aber über dies Land hat der Herr des Himmels mich als den Steuermann gesetzt, und nun steuere ich.«

»Du steuerst, o Herr, aber du regierst nicht über Wind und Wetter, du kannst die Wasser des Nils nicht um einen Zoll erhöhen, und du kannst nicht verhindern, daß wir dieses Jahr wieder eine Mißernte bekommen.«

»Eine Mißernte? Was sagt der Nilmesser?«

»O Herr, die Sonne ist in das Zeichen der Waage getreten, und das Wasser sinkt schon. Das ergibt eine Hungersnot!«

»Dann werde ich alle unnützen und fremden Mäuler ausrotten, die den Kindern meines Landes das Brot wegnehmen. Ich will die Hebräer vernichten.«

»Laß sie gehen, Herr!«

»Ich will die Hebammen zusammenrufen und alle Knaben töten lassen, die von hebräischen Weibern zur Welt gebracht werden. Gesprochen habe ich; nun handle ich!«

Der Pharao sprang von seinem Sessel auf und ging fort, schneller als er gekommen war, und Amram wollte auf demselben

Weg zurück, fand aber nicht mehr als ein einziges Stückchen Papyrus.

Da blieb er stehen und geriet in große Angst, denn er konnte seinen Weg nicht mehr finden.

Die Sonne war höher gestiegen und umspielte nicht mehr den Säulenwald, in dem es ganz still geworden war. Aber nachdem Amram eine Zeitlang gelauscht hatte, verspürte er allmählich jenes verdichtete Schweigen, das von einem Lauschenden ausgeht, oder von Kindern, die etwas Verbotenes tun und sich nicht verraten wollen. Er spürte, daß jemand in der Nähe war, daß dieser Jemand verborgen bleiben wollte, aber dennoch seine Gedanken auf ihn richtete.

Um Gewißheit zu erlangen, ging Amram in die Richtung, wo das Schweigen am dichtesten zu sein schien. Und sieh an! Hinter einer Säule stand Phator, der nicht eine Spur von Verlegenheit zu erkennen gab, sondern nur seine offene Hand ausstreckte, in der alle Papyrusstückchen lagen, die Amram ausgestreut hatte.

»Du solltest keine Papierfetzen auf den Boden legen«, sagte Phator mit einem unbeschreiblichen Lächeln. »Ja, werde doch nicht wütend, ich will dir doch nur wohl! Du mußt mir nämlich jetzt folgen und wirst nicht mehr zu deiner Arbeit zurückkehren, die nur ein Vorwand war; denn man trachtet dir nach dem Leben. Du solltest jetzt in dein Haus zurückkehren und für dein neugeborenes Kind sorgen, auf daß es nicht umgebracht wird! – Siehst du, Ruben-Phator ist ein wirklicher Israelit, obwohl du ihm mißtraut hast!«

Und Amram gehorchte und kam hinaus. Und er ging heim.

Jochebeth ging im Garten des Pharao umher und goß die Kürbisse. Mit ihren Eimern schritt sie zwischen den Kürbisbeeten und der Pforte zum Fluß hin und her. Doch mitunter ging sie durch die Pforte hindurch weiter und blieb eine Zeitlang fort.

Mirjam, ihre Tochter, schnitt die Weinstöcke an der Gartenmauer zurück, schien jedoch ihre Aufmerksamkeit mehr auf den großen Fußweg zu richten, der zu dem Sommerpalast der Prinzessinnen hinaufführte. Ihr Kopf bewegte sich wie das Laub des

Palmenbaumes, wenn der Wind hindurchweht, hierhin und dorthin, zwischen der Wasserpforte und dem großen Fußweg, während ihre Hände die Arbeit erledigten.

Als die Mutter einmal länger fortblieb, ging Mirjam von der Mauer weg zur Pforte hinunter und hinaus auf den flachen Strand, wo das Schilf in einem schwachen südlichen Wind schaukelte. Ein Steinschmätzer, der aus der Wüste kam, saß auf einem Uferstein und wippte mit dem Schwanz, schlug mit den Flügeln, als ob er auf etwas hinweisen wollte, das er erspäht hatte; und er schnatterte und schwätzte über etwas Ungewöhnliches weit drinnen im Schilf. Hoch oben in der Luft schwebte eine Weihe in Schraubenlinien, den Kopf gesenkt und zur Erde spähend.

Mirjam brach Lotosknospen ab und warf damit nach dem Steinschmätzer, der aufflog und sich ein Stück weiter wieder niederließ, stets aber mit dem Schnabel nach dem Schilf zeigte.

Das Mädchen band ihr Gewand hoch und stieg ins Wasser, und nun sah sie mitten in den Papyrusstauden ihre Mutter stehen, die sich über einen Binsenkorb beugte und einem kleinen Kind ihre linke Brust darbot.

»Mutter«, flüsterte Mirjam, »die Tochter des Pharao kommt herunter, denn sie will im Fluß baden.«

»Herr, du Gott Israels, erbarme dich meines Kindes!«

»Wenn du dem Jungen genug zu trinken gegeben hast, dann beeile dich, komm!«

Die Mutter beugte sich über ihr Kind wie ein Gewölbe; ihr Haar fiel herab wie ein Mückenschleier, und aus ihren Augen fielen zwei Tränen auf die ausgestreckte Hand des Kleinen. Dann richtete sich die Mutter auf, steckte eine süße Dattel in den Mund des Kindes, legte vorsichtig den Deckel auf das Körbchen und stieg, nachdem sie einen Segensspruch gemurmelt hatte, aus dem Wasser.

Ein schwacher Windstoß vom Lande her ließ das Schilf schwanken und kräuselte das Wasser.

»Der Korb schwimmt«, sagte sie, »doch der Strom fließt dahin, er ist rot von Blut und dick wie Rahm. O Herr, du Gott Israels, erbarme dich!«

»Das muß er«, erwiderte Mirjam, »so wie er sich auch unseres Vaters Abraham erbarmt hat, dem die Verheißung zuteil wurde, weil er glaubte und gehorchte: ›In dir sollen gesegnet werden alle Geschlechter der Erde!‹«

»Und jetzt schlägt er alle Erstgeburt ...«

»Deinen Sohn nicht!«

»Noch nicht!«

»Bitte und hoffe!«

»Wozu? Daß die wilden Tiere auf diesem Fluß ihn nicht fressen? Daß die Wellen des Stromes ihn nicht verschlingen? Daß die Henker des Pharao ihn nicht töten? Das sind Hoffnungen!«

»Die Verheißung gilt für mehr, und sie lebt: ›Dein Same soll besitzen die Tore seiner Feinde!‹«

»Und dann ist auch Amram, dein Vater, geflohen ...«

»Nach Ramses und Pithom, wo unser Volk beim Bau fronen muß; dahin ist er gegangen, um alle zu warnen und zu ermahnen. Und er hat gut daran getan! – Still, die Tochter des Pharao kommt!«

»Sie kann doch nicht im Blut unserer Kinder baden!«

»Sie kommt trotzdem! Aber sie ist den armen Hebräern freundlich gesonnen, ängstige dich nicht!«

»Sie ist die Tochter ihres Vaters!«

»Die Ägypter sind unsere Geschwister, Hams Nachkommen sind sie, wir sind die Sems. Ham und Sem waren Brüder!«

»Doch Ham wurde von seinem Vater Noah verflucht, und Kanaan war sein Sohn.«

»Aber Noah sagte: ›Gelobt sei der Herr, Sems Gott, und Kanaan sei sein Knecht!‹ Hast du gehört? Sem wurde die Verheißung zuteil, und Sems Nachkommen sind wir.«

»O Herr Zebaoth, steh uns bei! Der Wind treibt den Korb dahin! Er treibt auf das Badehaus zu, und der Geier da oben in der Luft ...«

»Es ist eine Weihe, Mutter!«

Jochebeth rannte am Ufer hin und her wie ein verlassener Hund. Sie schlug sich vor die Brust und weinte große, schwere Tränen.

Da hörte man Schritte und Stimmen.

»Vor uns ist die Tochter des Pharao!«

»Der Herr, Israels Gott, ist über uns.«

Die beiden Frauen verbargen sich im Schilf, und die Tochter des Pharao mit ihren Sklavinnen erschien an der Pforte zum Wasser.

Sie trat auf die Brücke zum Badehaus, das eine Hütte aus gefärbtem Kamelhaar war und durch Pfeiler im Flußgrund zusammengehalten wurde.

Doch der Korb trieb stromabwärts auf die Brücke zu und weckte die Neugier der Prinzessin. Sie blieb stehen und wartete. Jochebeth und Mirjam konnten wegen des Windes nicht hören, was sie sagte, aber sie ersahen aus ihren ruhigen Bewegungen, daß sie von dem seltsamen Geschenk des Flusses eine Zerstreuung erwartete.

Nun schickte sie eine Sklavin ans Ufer. Die lief hin und brach ein langes Rohr ab, das sie ihrer Herrscherin überreichte. Diese angelte jetzt nach dem Korb und brachte ihn bis an die Brücke heran. Dann beugte sie sich herab und fiel auf die Knie. Jetzt öffnete sie den Korb – Jochebeth sah, daß sich ihr zwei kleine Arme entgegenstreckten –; die Prinzessin lachte laut und wandte sich zu ihren Frauen; sie hatte etwas gesagt, das Freude ausdrückte, und danach nahm sie das Kind hoch, welches gleich an ihre jungfräuliche Brust kroch und an ihrem weißen Linnen herumtastete. Da küßte die Prinzessin das kleine Kind und drückte es an ihre Brust; sie stand auf und wandte sich dem Ufer zu.

Mirjam, die nun alle Furcht verloren hatte, trat vor und warf sich auf ihr Angesicht.

»Siehst du, ich habe ein Kindchen bekommen, Mirjam«, sagte die Prinzessin, deren Name Temma war. »Vom Nil habe ich es bekommen, und deswegen ist es ein Götterkind. Doch jetzt mußt du mir eine Amme herbeischaffen!«

»Wo soll ich denn eine solche finden, hohe Herrscherin?«

»Suche! Doch bis zum Abend mußt du sie gefunden haben! Vergiß indessen nicht, daß es mein Kind ist, denn ich habe es

aus dem Wasser geholt. Gerade habe ich ihm einen Namen gegeben, und Mose soll der Knabe heißen. Und ich werde ihn erziehen, damit er ein Mann nach unserer Gesinnung werden möge! Geh hin in Frieden und suche mir eine Amme!«

Die Tochter des Pharao ging mit dem Kind zum Palast hinauf, Mirjam jedoch suchte ihre Mutter im Schilf auf. Die hatte dort alles gehört, was die Tochter des Pharao gesagt und festgelegt hatte.

»Mutter, die Tochter des Pharao wird Amrams und Jochebeths Sohn aufziehen! Hams Kinder werden denjenigen Sems zu Diensten sein. Gepriesen sei der Herr, Sems Gott! – Nun glaubst du an die Verheißung, Mutter!«

»Nun glaube ich, und gepriesen sei Gott für seine große Barmherzigkeit!«

DER HALBKREIS IN ATHEN

Die Sonne begann nach einem warmen Tag zu sinken, und schon lag der Marktplatz im Schatten. Und dieser Schatten wuchs empor und erklomm die Akropolis, auf der noch der Schild der Pallas Athene als Schutzwappen der Stadt leuchtete.

Vor dem bunten Säulengang erblickte man eine Gruppe von Männern, die sich vor einer weißen Marmorbank, dem Halbkreis, versammelt hatten, wo sie auf jemanden zu warten schienen, ehe sie sich setzen wollten. Unter ihnen gab es stattliche und schöne Männer, aber es war auch ein ungewöhnlich häßlicher dabei, um den sich aber dennoch die anderen ganz besonders drängten. Sein Gesicht hätte das eines Sklaven oder eines Satyrs sein können, und es gab Athener, die aus diesem Antlitz alle Laster und Verbrechen herauslasen. Dazu soll der häßliche Mann einmal geantwortet haben: »Man bedenke doch, wogegen ich, Sokrates, nicht alles habe ankämpfen müssen, obgleich ich doch weder lasterhaft noch ein Verbrecher bin!«

Es war in der Tat Sokrates, bei allen Einwohnern Athens bekannt als ein Sonderling, der auf Straßen und Marktplätzen, in Kneipen und Hurenhäusern zu philosophieren pflegte. Er scheute sich vor keiner Gesellschaft, verkehrte mit dem Oberhaupt der Stadt, Perikles, ebenso intim wie mit dem liederlichen Alkibiades, saß zu Tisch mit Krämern und Handwerkern und trank mit den Seeleuten in Piräus. Und er wohnte selbst mit seiner Familie in der Vorstadt Kerameikos. Wenn man fragte, wieso Sokrates stets unterwegs sei, so erwiderte er seinen Freunden, er habe es ›zu Hause nicht so erfreulich‹. Und wenn ihn seine engeren Freunde fragten, wie er mit Seeleuten und Zollschnüfflern umgehen könne, so erwiderte Sokrates wörtlich: »Es sind doch Menschen!«

Nun, an der Seite des Philosophen oder – wenn er saß – hinter seinem Stuhl hielt sich stets ein Jüngling auf, der eine auffallend breite Stirn hatte. Es war sein bester Schüler, und er hieß eigentlich Aristokles, aber wegen seiner Stirn hatte er den Spitznamen Platon erhalten. Mit diesem wetteiferte, beinahe eifersüchtig, der schöne und eitle Alkibiades, ebenfalls bemüht, dem Meister recht nahe zu sein. In unmittelbarer Nähe sah man auch den hochgewachsenen düsteren Euripides, den Tragödiendichter. Mit dem Rücken zur Gesellschaft, im Sande zeichnend, in sich gekehrt, als arbeite er beständig, stand Phidias da, der für Athen die ›Götter geschaffen‹ hatte.

Auf dem Brunnenrand saß ein Mann, der mit den Beinen baumelte und fortwährend den Mund bewegte, so als schliffe er seine Zunge zu Hieb und Gegenhieb; seine Stirn, welk geworden durch unfruchtbare Gedankenarbeit, lag in Falten, und seine Augen blickten wie die einer Schlange, die auf Raub lauert. Das war der Sophist, der Wortklauber von Berufs wegen, mit Namen Protagoras, der für ein paar Feigen oder einige Obolen bereit war, aus Schwarz Weiß zu machen, der aber in diesem glänzenden Kreis geduldet wurde, weil er auf alles eine Antwort wußte. Und er wurde dazu benutzt, Leben in die Gesellschaft zu bringen, indem man ihn auf Sokrates hetzte, der ihn allerdings stets zur Strecke brachte.

Zuletzt kam der Erwartete: Es war das Staatsoberhaupt, und er wäre König gewesen, wenn man die Königswürde nicht abgeschafft hätte. Sein Äußeres wirkte königlich, doch trat er wie ein einfacher Bürger auf, ohne Leibwache. Er herrschte auch nur durch seine persönlichen Eigenschaften: Klugheit, Willensstärke, Mäßigung und Besonnenheit.

Nach den Begrüßungen, die andeuteten, daß man sich an diesem Tage bereits zuvor getroffen hatte, denn man hatte zusammen das Salamis-Fest zum Gedenken an die Befreiung von den Persern gefeiert, setzte sich die Gesellschaft auf den marmornen Halbkreis, der ›Hemikyklon‹ genannt wurde.

Nachdem alle ihre Plätze eingenommen hatten, wie es der Brauch vorschrieb, entstand Schweigen, und das war etwas Ungewöhnliches in diesem Kreis, der sich hier bei Sonnenuntergang wie zu einer geistigen Mahlzeit zu versammeln pflegte, zu einer

Art Seelen-Symposion ohne Essen und Trinken, bei dem die Ausschweifungen, wie es Alkibiades einmal ausdrückte, lediglich geistiger Natur waren.

Alkibiades, der Zweitjüngste, jedoch verwöhnt und aufdringlich, brach als erster das Schweigen.

»Wir haben Salamis gefeiert, den Tag, an welchem wir vor dem Barbaren, dem Perserkönig, gerettet wurden, und wir sind müde, sehe ich.«

»Nicht so müde«, erwiderte jetzt Perikles, »daß wir den Geburtstag unseres Freundes Euripides vergessen könnten; er erblickte bekanntlich an jenem Tage das Licht der Welt, als die Sonne über der Schlacht von Salamis leuchtete.«

»Er wird sein Trinkopfer kriegen, sobald wir unter ein Dach, zu Tisch und zu den Bechern gekommen sind«, lenkte Alkibiades ab.

Der Sophist auf dem Brunnenrand hatte jetzt gerade soviel Garn erhalten, daß er mit dem Spinnen anfangen konnte:

»Woher wißt ihr«, fing er an, »daß unser Glück in der Befreiung vom Perserkönig liegt? Woher wißt ihr, daß Salamis ein Glückstag für Hellas war? Hat nicht Aeschylos, unser großer Dichter, den Trauertag der Perser beklagt und mitleidsvoll geschildert?

›O Salamis, ach, wie verhaßt ist mir dein Name!
Und wenn an dich, Athen, ich denke, seufze ich!‹«

»Na pfui, Sophist, na pfui doch!« unterbrach ihn Alkibiades.

Doch Protagoras wetzte den Schnabel und fuhr fort:

»Ich sage nicht, daß der Name Salamis verhaßt ist, sondern Aeschylos sagt es, und ich bin bekanntermaßen nicht Aeschylos. Ich habe auch nicht behauptet, daß das Glück darin liegt, dem Perserkönig untertan zu sein – ich habe nur gefragt, und wer fragt, behauptet nichts. Nicht wahr, Sokrates?«

Der Meister strich mit den Fingern seinen langen Bart zurecht und erwiderte:

»Es gibt direkte Behauptungen und indirekte; eine Frage kann eine indirekte und hinterhältige Behauptung sein. Protagoras hat mit seiner Frage eine hinterhältige Behauptung aufgestellt.«

»Gut, Sokrates!« rief Alkibiades, der Öl ins Feuer gießen wollte.

Perikles ergriff das Wort:

»Protagoras hat also behauptet, daß ihr unter dem Perserkönig glücklicher wärt. Was soll man mit einem solchen Mann tun?«

»Ihn rücklings in den Brunnen werfen!« schrie Alkibiades.

»Ich lege Berufung ein!« protestierte der Sophist.

»Beim Pöbel! Da kriegst du immer recht!« unterbrach ihn Alkibiades.

»Man sagt nicht ›Pöbel‹, wenn man Demokrat ist, Alkibiades! Und man zitiert nicht Aeschylos, wenn Euripides anwesend ist. Da Phidias hier sitzt, spricht man lieber von seinem Parthenon oder seiner Athene, deren Umhang Peplos nun von der sinkenden Sonne vergoldet wird. Höflichkeit ist die Würze des geselligen Lebens.«

Auf diese Weise suchte Perikles das Gespräch in neue Bahnen zu lenken, aber der Sophist hatte sich festgebissen:

»Wenn das Standbild der Athene«, sagte er, »wenn dieses Standbild des Phidias sein Gold von der Sonne borgen muß, so *kann* dies beweisen, daß das vom Staat bewilligte Geld nicht gereicht hat, daß somit also ein Mangel aufgetreten ist. Nicht wahr, Sokrates?«

Der Meister brachte mit seiner ausgestreckten Hand das unwillige Gemurmel zum Schweigen und sprach:

»Zuerst müßte wohl bewiesen werden, daß Phidias' Statue wirklich Gold von der Sonne borgen muß. Da das jedoch nicht bewiesen ist, entfällt das ganze Gerede vom Goldmangel. Im übrigen kann man von der Sonne kein Gold leihen – es ist also nur ein Geschwätz des Protagoras, und er verdient keinerlei Antwort. – Wenn hingegen Phidias einmal antworten wollte: Als du jene Athene dort oben auf dem Parthenon machtest, hast du da wirklich Athene gemacht?«

»Ich habe ihr Bild gemacht!« erwiderte Phidias.

»Ganz recht! Du hast ihr Bild gemacht. Und nach welchem Vorbild?«

»Nach meinem inneren Vorbild.«

»Also nicht nach einem äußeren? – Hast du die Göttin mit deinen Augen gesehen?«

»Nicht mit meinen äußeren Augen.«

»Gibt es sie dann, außerhalb von dir oder nur in dir?«

»Wenn uns keiner zuhören würde, dann würde ich erwidern: sie existiert nicht außerhalb von mir, also gibt es sie überhaupt nicht.«

Perikles rief dazwischen:

»Die Götter des Staates! – Freunde, nehmt euch in acht!«

Aber Sokrates fuhr fort:

»Du, Phidias, hast ja auch den Zeus in Olympia gemacht; also hat er dich nicht gemacht!«

»Die Götter des Staates! Seid auf der Hut, Freunde!« warnte Perikles.

»Hilf mir, Protagoras! Sokrates drückt mir die Kehle zu!« klagte Phidias.

»Zeus hat meines Wissens«, antwortete der Sophist, »den Menschen nicht erschaffen, sondern das ist Prometheus gewesen. Jedoch hat Zeus den unvollkommenen Menschen mit zwei unvergänglichen Gaben versehen: mit Schamhaftigkeit und Rechtsgefühl!«

»Dann ist Protagoras jedenfalls nicht durch Zeus beschenkt worden, denn ihm fehlen sowohl Schamgefühl als auch Rechtsempfinden!«

Das hatte wieder Alkibiades angebracht. Doch nun ergriff der schweigsame Tragödiendichter Euripides das Wort:

»Erlaubt mir, daß ich sowohl über Zeus als auch über Prometheus meine Meinung äußere, und haltet es nicht für unschicklich, wenn ich meinen großen Lehrer Aeschylos zitiere, da ich nun über die Götter reden will.«

Aber Perikles unterbrach ihn:

»Wenn mich meine Augen nicht täuschen, so habe ich ein Paar Ohren hinter der Hermesstatue hervorkommen sehen, und diese Eselsohren können ja nur dem berühmten Gerber gehören.«

»Kleon!« rief Alkibiades.

Nun nahm Euripides wieder das Wort:

»Was schert mich der Gerber, der ich mich nicht einmal vor den Göttern des Staates fürchte! Vor diesen Göttern, deren Untergang unser Aeschylos schon vor langer Zeit vorausgesagt hat. Sagt nicht sein Prometheus, daß der Olympier von seinem Sohn gestürzt wird, von jenem Sohn, den eine Jungfrau gebären wird? Sagt er das nicht, Sokrates?«

»Ganz sicher: ›Einen Sohn wird die Jungfrau gebären, der stärker als der Vater ist.‹ – Aber wer er ist und wann er geboren wird, das berichtet er nicht.«

»Nun ja, ich glaube, daß Zeus schon in den letzten Zügen liegt.«

Erneut hörte man die warnende Stimme des Perikles:

»Die Götter des Staates! – Still, Freunde! Kleon hört zu!«

»Ich dagegen«, fiel Alkibiades ein, »ich glaube, daß Athen im Sterben liegt. Während wir Salamis gefeiert haben, sind die Spartaner aufgebrochen und haben im Norden gewütet: Megaris, Lokris, Böotien und Phokis stehen bereits auf der Seite Spartas.«

»Das sind alles bekannte Dinge, die du vorbringst«, wehrte Perikles ab, »aber zur Zeit genießen wir Waffenstillstand, und wir haben dreihundert Schiffe aufs Meer gebracht. – Meinst du, Sokrates, daß da wirklich eine Gefahr besteht?«

»In die Angelegenheiten des Staates möchte ich mich nicht einmischen, aber wenn Athen in Gefahr ist, dann ergreife ich Schild und Lanze, wie früher ...«

»Als du mir bei Potidäa das Leben gerettet hast«, fügte Alkibiades hinzu.

»Nein, da liegt die Gefahr nicht«, mischte sich nun Euripides ein. »Nicht von Sparta geht sie aus, sondern von der Heimat selbst. Die Demagogen haben im Sumpf gewühlt, und deswegen haben wir die Pest auf der Agora und die Pest in Piräus.«

»Die Pest in Piräus ist sicherlich die schlimmste«, sagte Protagoras, »nicht wahr, Alkibiades?«

»Jawohl, denn da habe ich meine besten Mädchen. Meine Flötenbläserinnen, die beim Gastmahl des Abends zu Diensten stehen sollen, habe ich am Hafen. Aber, beim Herakles, hier fürchtet doch keiner etwa den Tod?«

»Keiner fürchtet ihn, keiner wünscht ihn«, antwortete Sokrates, »aber wenn du andere Mädchen hättest, würde das den Spaß erhöhen.«

»Euripides macht sich nichts aus Mädchen«, warf Protagoras ein.

»Du lügst«, erwiderte Euripides. »Ich bin sehr für Mädchen, aber nicht für Ehefrauen.«

»Ich auch nicht«, spöttelte Alkibiades, »oder doch nur für solche von anderen.«

»Als Alkibiades jünger war, nahm er den Frauen die Männer, jetzt nimmt er den Männern die Frauen!«

Perikles stand auf:

»Laßt uns zum Gastmahl gehen! Und suchen wir Wände, die unsere Gespräche umgeben, Wände ohne Ohren! – Stütze mich, Phidias, ich bin müde!«

Platon näherte sich Sokrates.

»Meister, laß mich deinen Umhang tragen«, bat er.

»Das ist mein Ehrenamt, junger Bursche«, fertigte Alkibiades ihn ab.

»War es«, wandte Sokrates ein. »Nun hat es Platon, der Breitstirnige. Merk dir den Namen! Er stammt von Kodros ab, dem letzten König, der sein Leben hingab, um sein Volk zu retten. Platon ist aus einem Königsgeschlecht!«

»Und Alkibiades ist aus einem Heldengeschlecht, ein Alkmenoide, wie sein Onkel mütterlicherseits: Perikles; eine vornehme Sippschaft!«

»Doch Phidias ist aus einem Göttergeschlecht, das ist mehr.«

»Ich bin wahrscheinlich aus einem Titanengeschlecht«, redete Protagoras dazwischen, »ich sagte: wahrscheinlich, denn man weiß überhaupt nichts, kaum das. Nicht wahr, Sokrates?«

»Du weißt überhaupt nichts, kaum das, was du schwätzest!«

Die Gesellschaft schlug den Weg über die heilige Straße ein und begab sich gemeinsam zum Theater des Dionysos, in dessen Nähe Alkibiades wohnte.

Der Demagoge Kleon hatte tatsächlich ungesehen das Gespräch belauscht; doch auch ein anderer Mann hatte dies getan. Er hatte eine gelbliche Haut und einen schwarzen Vollbart, und er schien der Klasse der Handwerker anzugehören. Als sich die erlesene Gesellschaft entfernt hatte, kam Kleon hervor, legte seine Hand auf die Schulter des Unbekannten und sagte:

»Du hast das ganze Gespräch gehört?«

»Allerdings habe ich das«, entgegnete dieser.

»Dann kannst du es bezeugen.«

»Ich kann es nicht bezeugen, denn ich bin ein Fremder.«

»Doch du hast sehr deutlich gehört, wie man die Götter des Staates beschimpft hat.«

»Ich bin ein Syrer und kenne nur den einen wahren Gott. Eure Götter sind nicht die meinen.«

»Da bist du also ein Hebräer, und heißt ...«

»Ich bin ein Israelit vom Stamme Levi und nenne mich nunmehr Kartaphilos.«

»Ein Phönizier, demnach?«

»Nein, ein Hebräer. Meine Vorfahren sind aus dem Lande Ur in Chaldäa gekommen, gerieten dann in Ägypten in Knechtschaft, wurden aber von Moses und Josua ins Land Kanaan geführt. Da wurden wir mächtig unter eigenen Königen, unter David und Salomo.«

»Kenne ich nicht.«

»Aber vor zweihundert Jahren wurde unsere Stadt Hierosolyma von dem Babylonier Nebukadnezar zerstört, und unser Volk führte man nach Babylon in Gefangenschaft. Als danach das babylonische Reich vom Perserkönig erobert wurde, kamen wir unter persische Oberhoheit, und dann haben wir unter den Nachfahren eures Xerxes von Salamis geschmachtet, den wir Ahasverus nannten.«

»Eure Feinde, unsere Feinde; also, Gastfreund, wie bist du nun hierher gekommen?«

»Als die Assyrer uns zum erstenmal in die Gefangenschaft führen wollten, flohen diejenigen, die es vermochten. Und sie nahmen ihren Weg in Richtung Rhodos, Kreta und die griechischen Inseln. Doch von denen, die schon fortgeschleppt worden waren, wurden viele nach Norden, nach Medien, geschickt. Meine Vorväter sind aus Medien hierher gekommen, und ich bin gerade erst eingetroffen.«

»Was du mir da sagst, scheint mir eine verworrene Rede zu sein, aber ich habe gehört, wie man dein Volk und deine Leute als treu gegenüber den Göttern des Staates gepriesen hat.«

»Gegenüber Gott! Es gibt nur den einzigen und wahren, der Himmel und Erde geschaffen und unserem Volk die Verheißung gegeben hat.«

»Welche Verheißung?«

»Daß unsere Stämme die Erde besitzen werden!«

»Beim Herakles! Aber der Anfang ist nicht gerade vielversprechend.«

»Doch unser Glaube ist es, und der hat uns aufrecht gehalten in Wüstenwanderung und Gefangenschaft.«

»Willst du als Zeuge auftreten gegen die Gotteslästerer?«

»Nein, Kleon, denn ihr seid Götzenanbeter, aber Sokrates und seine Freunde glauben nicht an eure Götzen, und das wird ihnen als Rechtschaffenheit angerechnet werden. Ja, Sokrates scheint eher den Ewigen, Unsichtbaren zu verehren, dessen Name nicht genannt werden darf. Daher zeuge ich nicht gegen ihn.«

»Stehst du auf *der* Seite? Geh nur in Frieden, aber nimm dich gut in acht! Verschwinde!«

»Abrahams, Isaaks und Jakobs Gott wird mich beschützen, solange ich und mein Haus seine Gesetze bewahren!«

Kleon hatte seinen Freund und Berufskollegen Anytos im Säulengang gesehen, und daher ließ er den unbeugsamen Hebräer laufen, der eilig der Sykomoren-Allee in Richtung auf den Ölmarkt zustrebte, wo er verschwand.

Anytos, der Gerber und Staatsmann, kam laut lesend heran. Er hatte einen Text einer Rede vor sich, die er halten wollte:

»Athen oder Sparta; das ist die eigentliche Streitfrage ...«

Kleon kam neugierig näher und unterbrach ihn:

»Was liest du da, Anytos?«

»Eine Rede.«

»Hab ich ja gehört! Athen oder Sparta. Volksherrschaft oder Viehherrschaft! Das Volk, das die Lasten trägt, das das Land urbar macht und alles hervorbringt, liegt ganz unten, am Boden, wie das Gold. Aber das Viehzeug, die Drohnen, die Reichen, die Vornehmen, die Leichtfertigen, die schwimmen oben wie Späne oder Kork. Athen, das ist die Volksherrschaft, das war immer so und wird immer so sein. Sparta, das ist die Viehherrschaft!«

»Die Herrschaft weniger meinst du? Kleon!«

»Nein, des Viehs! Daher, Anytos, wird Athen schlecht regiert, weil Perikles, der reiche Mann, an die Macht gekommen ist, der mit seinen königlichen Ahnen prahlt! Wie kann er mit diesem Volk fühlen, wenn er nie mit ihm da unten gelebt hat? Wie kann er es richtig von oben herab sehen? Er sitzt auf dem Giebeldach des Parthenon und sieht die Athener wie Ameisen, während sie doch Löwen mit beschnittenen Klauen und gezogenen Zähnen sind. Wir, Anytos, die wir da unten geboren und bei Gerberrinde und Hundekot aufgewachsen sind, wir begreifen unsere schwitzend schuftenden Brüder, wir erkennen sie sozusagen am Geruch. Doch gleich und gleich zieht sich an. Deshalb fühlt sich Sparta auch zu Athen hingezogen, zu Perikles und seinem Anhang. Perikles saugt Sparta an, und wir gehen zugrunde ...«

Anytos, selbst Redner, liebte nicht die Beredsamkeit auf den Lippen der anderen, und deswegen unterbrach er ihn kurzerhand:

»Perikles ist krank.«

»Ist er krank?«

»Ja, er hat Hitze im Körper.«

»Tatsächlich? Die Pest vielleicht?«

»Vielleicht.«

Dieser Einwurf des Anytos hatte Kleons weitgespannte Gedankengänge durchkreuzt, und eine neue Hoffnung blitzte auf:

»Und nach Perikles?« sagte er.

»Kleon natürlich.«

»Wieso nicht? Der Mann des Volkes für das Volk, und keine Philosophen oder Schauspieler. – Aha, Perikles ist krank. – Nun ja. – Hör zu, Anytos, wer ist Nikias?«

»Das ist ein Vornehmer, der ans Orakel glaubt ...«

»Rühr die Orakel nicht an! Ich glaube gewiß nicht an sie, aber ein Staat verlangt, wenn er Bestand haben will, in allem eine bestimmte Gleichförmigkeit, in den Gesetzen, in den Gebräuchen und in der Religion. Daher halte ich an den Göttern des Staates fest – und an allem, was dazugehört.«

»Ich halte auch an den Göttern des Staates fest – solange das Volk sich daran hält!«

Die beiden Schönredner fingen an, sich gegenseitig zu ermüden, und Kleon wollte endlich allein sein, um die Eier ausbrüten zu können, die Anytos ihm gelegt hatte; deswegen sagte er so beiläufig:

»Du hast gesagt, daß Nikias ...«

»Ich werde jetzt baden gehen«, unterbrach ihn Anytos, »andernfalls kriege ich nachts keinen Schlaf.«

»Aber Alkibiades, wer ist das?«

»Das ist der Verräter Ephialtes, der den Perserkönig über die Thermopylen geleiten wird.«

»Der Perserkönig im Osten, Sparta im Süden ...«

»Mazedonien im Norden ...«

»Und im Westen das neue Rom!«

»In allen vier Himmelsrichtungen Feinde! Weh dir, Athen!«

»Weh dir, Hellas!«

Die Gäste waren bei Alkibiades versammelt, der sich sogleich nach ihrer Ankunft in der löblichen Absicht entfernt hatte, Flötenbläserinnen zu holen. Da der Abend warm war, hatte man in der Aula, im Hof, den Tisch gedeckt. Und dieser Hof war von korinthischen Säulengängen umgeben und von zahlreichen Lampen, die zwischen den Säulen hingen, erleuchtet.

Schon war eine leichte Abendmahlzeit verzehrt, die Efeukränze waren verteilt worden, und die Becher standen bereit.

Aspasia, die einzige Frau, saß neben Perikles auf dem Ehrenplatz. Sie war, von Sklavinnen begleitet, als erste gekommen, und nun wartete sie ungeduldig auf den Beginn des Rededuells. Doch Perikles war müde und finster. Sokrates lag schweigend auf dem Rücken und blickte zu den Sternen empor. Euripides kaute an einem Holzstückchen und war verstimmt. Phidias knetete Brotkügelchen, die unter seinen Händen Tierformen annahmen. Protagoras tuschelte mit Platon, der sich mit einer gefälligen jugendlichen Schüchternheit im Hintergrund hielt.

Doch ganz unten am Tischende saß ein Skelett, dem ein Kranz von Rosen um die kahlweiße Stirn gelegt worden war. Um das Unheimliche in der Erscheinung des ungebetenen Gastes zu überspielen, hatte ihm Alkibiades eine Zwiebel mit Lauch zwischen die Vorderzähne gesteckt und eine Asphodelos-Lilie in die Hand gegeben, an der das Skelett zu riechen schien.

Als das Schweigen endlich bedrückend wurde, riß sich Perikles aus seiner Lethargie und eröffnete das Gespräch.

»Ich möchte«, fing er an, »in aller Eintracht und ohne Streitsucht die oft aufgeworfene Frage nach dem angeblichen Frauenhaß des Euripides berühren. Was sagst du dazu, Protagoras?«

»Unser Freund Euripides ist dreimal verheiratet gewesen und hat jedesmal Kinder gehabt; er kann demnach kein Frauenhasser sein. Nicht wahr, Sokrates?«

»Euripides«, erwiderte Sokrates, »Euripides liebt Aspasia wie wir alle, und aus diesem Grunde kann er kein Frauenhasser sein. Er liebt, mit der wohlmeinenden Erlaubnis des Perikles gesagt, die schöne Seele der Aspasia, und aus diesem Grund ist er kein Frauenhasser. Über Aspasias Leib ist nicht viel Gutes zu sagen, er geht uns auch nichts an! Ist Aspasia schön, Phidias?«

»Aspasia ist nicht eigentlich schön, doch ihre Seele ist schön und gut. Nicht wahr, Perikles?«

»Meine Aspasia ist meine Freundin und die Mutter unseres Kindes; Aspasia ist weise, denn sie hat Schamgefühl und Rechtsempfinden, Selbsterkenntnis und Besonnenheit; Aspasia ist auch klug, denn sie schweigt, wenn weise Männer reden. Aber Aspasia kann weise Männer dazu bringen, daß sie weise sprechen, wenn sie ihnen zuhört. Sie hilft ihnen nämlich, ihre Gedanken zur Welt zu bringen, was unsere Hebamme Sokrates nicht tut, da er die Leibesfrucht nur hervorzieht, während sie hingegen ihren Seelen auch ihr Fleisch gibt.«

Protagoras setzte fort:

»Aspasia ist sozusagen wie Kybele, unser aller Mutter. Sie trägt uns an ihrem Busen.«

»Aspasia ist der Resonanzboden in unserer Zither, ohne den unsere Saiten nicht klingen würden«, setzte Phidias hinzu.

Sokrates aber meinte:

»Aspasia ist zwar unser aller Mutter, aber sie ist auch die Amme, die unsere neugeborenen Gedanken wäscht und sie in zarte Schleier hüllt. Unsere unreinen Kinder nimmt Aspasia entgegen und gibt sie uns gereinigt zurück. Sie verschenkt nichts, aber indem sie empfängt, verschafft sie dem Geber die Gelegenheit zum Geben.«

Nun nahm Euripides die fallengelassene Frage wieder auf:

»Angeklagt wurde ich, doch ich bin freigesprochen, nicht wahr, Aspasia?«

»Wenn du dich selbst von der Anklage frei machst, bist du freigesprochen, Euripides!«

»Klage mich an, meine liebste Klägerin, und ich werde mich verantworten!«

»Nun gut, dann bringe ich die Klage mit deinen eigenen Worten vor: – Hippolytos sagt einmal in deiner Tragödie gleichen Namens:

Wieso hast du, o Zeus, die Frau, die falsche Schlang',
den Auswurf, wohnen lassen unterm Sonnenlicht?
Nein, wolltest Menschen schaffen du, da mußte dies
doch keinesfalls durch eines Weibes Schoß geschehn.
In deinen Heiligtümern könnten Männer ja
dir bringen: Kupfer, Silber oder Gold und so
sich Kindernachwuchs kaufen, jeweils nach dem Wert
des eingezahlten Preises, daß sie dann daheim
ganz ungestört nun könnten leben – ohne Frau.
Doch jetzt – sobald wir holen solch ein böses Ding
ins Haus – ist unser Glück, ja Gut gar schnell dahin.
Wie böse solche Frau ist, sieht man daraus klar,
daß ihr der Vater, der sie doch erzogen hat,
sogar noch Mitgift schenkt, nur um sie los zu sein.

Wohlan, Euripides, verteidige dich!«

»Wenn ich Sophist wäre wie Protagoras, würde ich antworten: Das hat Hippolytos gesagt, nicht ich. Aber ich bin Dichter und rede durch meine Geschöpfe. Nun ja – ich habe das gesagt und es auch gemeint, als ich es niederschrieb, und ich meine es noch. Zugleich aber bin ich fast immer in eine Frau verliebt, obwohl ich ihr Geschlecht hasse. Erklärt mir das, ich kann es nicht! Ich war nämlich niemals anders herum wie Alkibiades. Kannst du es erklären, Sokrates?«

»O ja, man kann eine Frau lieben und gleichzeitig auch hassen. Jedes Ding entsteht zugleich mit seinem Gegensatz: Liebe mit Haß, Haß mit Liebe. Bei meiner Ehefrau liebe ich das gute Mütterliche, aber ich hasse an ihr das Urböse, also kann ich sie zugleich lieben und hassen. Nicht wahr, Protagoras?«

»Nun ist Sokrates ein Sophist! Schwarz kann nicht Weiß sein.«

»Nun ist Protagoras einfältig. Dieses Salz hier im Napf ist weiß, doch wenn ihr die Lampen löscht, so ist es schwarz! Das Salz ist somit nicht absolut weiß, sondern das Weiße hängt vom Licht ab. Ich möchte eher glauben, daß das Salz aus sich selbst heraus schwarz ist, denn die Abwesenheit von Licht ist Dunkelheit. Die Dunkelheit aber ist nichts aus sich selbst heraus, sie gibt sich aus nichts an das Salz ab. Und das ist demnach in der Dunkelheit mehr sein eigenes Selbst, seine wahre Natur, und infolgedessen schwarz! – Aber einiges kann im Licht sowohl schwarz als auch weiß sein. Dieser Meeraal ist an der Oberseite schwarz, unten aber weiß. Ebenso kann etwas zugleich gut und böse sein. Und daher hat Euripides recht, wenn er sagt, daß er die Frau zugleich liebt und haßt. Nur derjenige ist ein Frauenhasser, der die Frau *nur* haßt, aber Euripides liebt sie ja auch. Demzufolge ist Euripides kein Frauenhasser. Was hältst du davon, Aspasia?«

»Weiser Sokrates! Du gibst zu, daß Euripides die Frau haßt, also ist er durchaus ein Frauenhasser.«

»Nein, mein schönes Kind, ich habe zugegeben, daß Euripides die Frau sowohl haßt als auch liebt, ›sowohl als auch‹, das beachte genau! Ich liebe Alkibiades, aber ich verabscheue und hasse seine Charakterlosigkeit; nun frage ich die Freunde hier: bin ich ein Hasser des Alkibiades?«

»Nein, unter keinen Umständen!« tönte es im Chor.

Aber Aspasia war verärgert und wollte es ihm heimzahlen.
»Du weiser Sokrates, wie hältst du es denn mit deiner eigenen Frau?«
»Der Weise redet nicht gern von seinem Eheweib!«
Protagoras packte den Stier bei den Hörnern:
»Ebenso ungern wie von seinen Schwächen.«
»Du hast es gesagt. Man opfert der Erde, aber ungern; man bindet sich, aber ohne Spaß; man verträgt sich, aber man liebt nicht; man tut seine Pflicht dem Staat gegenüber, aber mühselig. Es gibt nur eine Aspasia, das ist die des Perikles: das größte Frauenzimmer für den größten Mann. Perikles ist der größte im Staat so wie Euripides auf dem Theater.«
Protagoras fand seine Replik, ohne zu suchen:
»Ist denn Euripides größer als Aeschylos und Sophokles?«
»Ganz gewiß, Protagoras! Er ist uns näher; er spricht *unsere* Gedanken aus und nicht die unserer Vorväter; er wirft sich nicht vor den Göttern und dem Schicksal in den Staub, er kämpft gegen sie; er liebt die Menschen, er kennt sie und beklagt sie; seine Kunst ist weit kunstreicher als die der Alten, seine Gefühle sind wärmer, seine Bilder sind lebendiger. – Doch jetzt will ich von Perikles reden!«
»Halt, Sokrates! In der Pnyx oder auf der Agora, doch nicht hier! Allerdings könnte ich ein gutes Wort der Aufmunterung gebrauchen, da falsche Anklagen auf mich herabhageln. Wir sind jedoch hergekommen, um zu vergessen, und nicht, um uns zu erinnern; und Sokrates beglückt uns am meisten, wenn er von den höchsten Dingen spricht, zu denen ich den athenischen Staat nicht zähle. Siehe da! Jetzt kommt Alkibiades mit Gefolge. Zündet mehr Lichter an, Knaben! Und Eis in die Kannen!«
Jetzt hörte man Lärmen am Toreingang; der Hund schlug an, die Torwache schrie, und Alkibiades mit seinem Gefolge hielt seinen Einzug.
Er war herrlich anzusehen in seiner Gesellschaft, welche außer den Mädchen auch aus zwei unbekannten Männern bestand, die er in einem Weinhaus aufgefischt hatte.
»Papaja!« grüßte er. »Hier ist der Wirt! Und hier ist Aristo-

phanes, ein angehender Komödiant. Und das ist der Römer Lucillus, der als ein früherer Decemvir in die Verbannung gegangen ist. Er war in die Viriginia-Geschichte verwickelt, ihr wißt: jene Jungfrau, die einen Mann gegen ihren Willen kriegte. Die Römer haben nämlich noch Jungfrauen, das haben wir nicht! Nicht wahr, Lais? Das ist eine von den vielen Lais, die Modelle waren für Phidias! – Aspasia soll es nicht übelnehmen! – Und dann sind da die Flötenbläserinnen von Piräus. Ob sie die Pest haben, weiß ich nicht! Und was machte das schon? Ich bin zwanzig Jahre alt und habe noch nichts geleistet. Warum da noch leben? Nun soll Lais tanzen! Papaja!«

Euripides stand auf und gebot Schweigen:

»Soll der Tanz noch warten, Perikles ist nicht in Stimmung und sieht ernst aus.«

Da entstand eine Pause. Die Hitze war drückend und beklemmend. Es war keine Gewitterluft, doch etwas Ähnliches, und die Gemüter aller schienen von unruhiger Erwartung erfaßt worden zu sein.

Da fiel, wie von ungefähr, der Arm des Skeletts mit einem kurzen Knacken auf das Knie. Die Blume, die auf diese Weise unter die Nase gehalten worden war, lag auf der Erde.

Alle fuhren zusammen, auch Alkibiades, aber er war wegen dieser Schwäche auf sich selbst wütend, ergriff einen Becher und trat vor:

»Das Skelett ist durstig! Ich trinke ihm zu, wer tut mir Bescheid? Sokrates kann es am besten; der greift seine halbe Kanne und leert sie auf einen Zug, ohne zu zucken!«

Sokrates war zwar dafür bekannt, daß er unbegrenzt trinken konnte, doch jetzt hatte er keine Lust dazu:

»Heute nicht! Der Wein kommt mir bitter vor!«

Und indem er sich an Perikles wandte, flüsterte er:

»Es sind böse Augen hier hergekommen! Dieser Aristophanes da ist nicht unser Freund; kennst du ihn?«

»Ganz wenig! Doch er sieht aus, als ob er uns umbringen wollte.«

Alkibiades fuhr fort, das Skelett anzureden:

»Genauso wie das Ding da sieht Athen aus! Das Fleisch haben Sparta und der Perserkönig abgenagt; die Haut hat Kleon gegerbt, die Augen haben die Verbündeten herausgerissen, die Zähne haben die Bürger herausgezogen – solche Bürger, die Aristophanes kennt und die er bald abkonterfeien wird. Hier mein Becher, Gerippe! Polla metaxy pelei, kylikos kai keileos akru!«

Jetzt änderte sich plötzlich die Szene. Das Skelett sank nach rückwärts wie ein Betrunkener; die Lampen fingen zu schaukeln an; der Salznapf rutschte über den Tisch. – »Ohioh! Ohioh!« schrie Alkibiades. »Trallala! Hahaha! Der Tisch wackelt, das Liegesofa schaukelt, bin ich betrunken oder ist dieser Raum betrunken?«

Alle entsetzten sich, aber Sokrates gebot Ruhe:

»Ein Gott ist nahe! Still! Der Erdboden schwankt, und ich höre… ist das Gewitterdonner? Nein! Es ist ein Erdbeben!«

Alle stürzten hoch, aber Sokrates fuhr fort:

»Beruhigt euch! Es ist schon vorbei! – «

Und nachdem sich alle wieder auf ihre Plätze gesetzt hatten, rief er:

»Fünf Jahre alt war ich, als Sparta ein Erdbeben erlebte, zwanzigtausend Menschen kamen um, und nur sechs Häuser blieben stehen. Damals war es Sparta! Jetzt ist es Athen! Ja, Freunde, eine Stimme sagt mir: ehe ein Mensch sein rechtes Alter erreicht, sind wir weggeschossen wie kleine Vögel!«

Erneut schlug der Hund an, erneut schrie die Torwache. Es trat ein Ungeladener herein, man sah es ihm an, daß er erregt war.

»Nikias!« begrüßte ihn Alkibiades. »Jetzt werde ich nüchtern; der bedächtige Nikias geht zu einem Gastmahl, was ist geschehen?«

»Verzeih einem ungebetenen Gast…«

»So rede, Nikias!«

»Perikles«, fing zögernd der Neuankömmling an, »dein Freund, unser Freund, Athens und Hellas' Ehre, Phidias ist angeklagt…«

»Sei still!«

»Angeklagt ... o Schande ..., daß er ... ich kann es nicht sagen, ohne zu weinen ...«

»Sprich!«

»Phidias ist angeklagt, daß er Gold für das Standbild der Athene unterschlagen hätte.«

Das Schweigen, das nun entstand, wurde zuerst von Perikles gebrochen:

»Phidias birgt sein Gesicht im Mantel, denn er schämt sich für Athen ... Doch, laßt uns bei den Göttern und der Unterwelt schwören, daß Phidias unschuldig ist.«

»Wir schwören es!« riefen alle wie ein Mann.

»Auch ich schwöre es!« sagte Nikias.

»Athen ist entehrt, wenn man erst schwören muß, daß Phidias nicht gestohlen hat.«

Nikias war an den Platz, wo Perikles saß, herangetreten, und indem er sich vor Aspasia verbeugte, flüsterte er:

»Perikles, dein Sohn Paralos ist krank.«

»An der Pest erkrankt? – Komm mit, Aspasia!«

»Es ist nicht mein Sohn, sondern der deine, deswegen gehe ich mit.«

»Das Haus stürzt zusammen, die Freunde werden getrennt, alles Schöne vergeht, aber das Häßliche besteht.«

»Und die Götter schlafen!«

»Oder sie sind ausgewandert!«

»Die Götter sind tot! Laßt uns neue schaffen!«

Ein Erdstoß brachte die Lampen zum Erlöschen, und alle begaben sich auf die Straße hinaus, außer Sokrates und Alkibiades.

»Phidias des Diebstahls angeklagt! Soll die Welt einstürzen!« sagte Sokrates und versank wie gewöhnlich in eine Geistesabwesenheit, die wie Schlaf wirkte. Doch Alkibiades ergriff einen von den größten Doppelbechern, trank ihn leer und improvisierte:

»Soll alles doch vergehn von Pindos bis zum Kaukasus,
dann kommt Prometheus los und schenkt noch einmal Glut
erfrornen Menschen.

Und Zeus steigt ab zum Hades, Pallas ist dann feil
den geilen Jünglingen.
Apollon wirft die Leier fort und flickt jetzt Schuh'.
Auch Ares läßt sein Schlachtroß sein, nur Schafe hütet er.
Und auf den Trümmern ird'scher Herrlichkeiten
steht Alkibiades alleine,
er spürt die Allmacht seines Ichs
und lacht laut!«

In Athen war die Pest ausgebrochen, und das Erdbeben war noch hinzugekommen.

Als Perikles, begleitet von Aspasia, sein Haus erreicht hatte, war der Sohn, den er mit seiner geschiedenen Frau hatte, tot. Der damaligen Sitte entsprechend – auch um zu zeigen, daß er nicht ermordet worden war – war die Leiche im Toreingang aufgebahrt. Sie lag in einer kleinen, rot und schwarz bemalten Truhe aus Zedernholz auf der Bahre und zeigte sich in einem weißen Gewand, auf dem Kopf einen Kranz, der aus der Todespflanze, dem stark duftenden Apium oder Sellerie, geflochten war. Im Mund steckte der Obolos, das Fährgeld für Charon.

Perikles sprach ein stilles Gebet, ohne irgendwelche Zeichen tieferer Trauer zu zeigen, denn er hatte schon vieles ertragen und gelernt zu leiden.

»Zwei Söhne haben die Götter mir genommen. Sind das Sühneopfer genug?«

»Was hattest du zu sühnen?« fragte Aspasia.

»Der eine muß für den anderen leiden, der einzelne für den Staat. Ich, Perikles, habe für Athen gelitten.«

»Verzeih mir, wenn meine Tränen rascher trocknen als deine. Der Gedanke, daß unser Sohn lebt, gibt mir Trost.«

»Mir auch, doch weniger.«

»Soll ich gehen, bevor deine Frau kommt?«

»Du darfst mich nicht im Stich lassen, ich bin ja krank.«

»Du hast lange davon gesprochen; ist es gefährlich?«

»Meine Seele ist krank. Wenn der Staat leidet, bin ich krank … Da kommt ja die Mutter des Toten!«

Eine schwarzgekleidete Frau wurde am Toreingang sichtbar. Sie trug ein Tuch, um zu verbergen, daß ihr Haar abgeschnitten war, und sie hatte einen Kranz in der Hand; ein Sklave folgte ihr mit einer Fackel.

Die Anwesenheit Aspasias bemerkte sie nicht sogleich, sie grüßte ihren früheren Mann mit einem Blick und legte den Kranz auf die Füße des Toten:

»Ich bringe bloß einen Totenkranz für meinen Sohn. Aber statt des Obolos soll er einen Kuß von den Lippen seiner Mutter mitnehmen.«

Sie beugte sich heftig nach vorn und küßte den Toten.

»Hüte dich vor dem Tod!« sagte Perikles und faßte ihren Arm. »Er ist an der Pest gestorben.«

»Mein Leben ist bloß ein langsames Sterben, ein schneller Tod ist mir lieber.«

Jetzt bemerkte sie die Gegenwart Aspasias, und sie richtete sich auf und sagte mit Ruhe und Würde:

»Sage deiner Freundin, daß sie gehen soll.«

»Sie geht, und ich folge ihr.«

»Recht so! Denn jetzt, mein Perikles, ist das letzte Band aufgelöst, das uns zusammengehalten hat! – Lebe wohl!«

»Lebe wohl, meine Gattin!«

Und zu Aspasia gewandt, sagte er:

»Gib mir deine Hand, meine Gattin!«

»Sieh her, hier ist meine Hand!«

Die trauernde Mutter zögerte. Sie sagte:

»Wir treffen uns alle wieder, nicht wahr? Und dann als Freunde, du, sie und er, der schon vorausgegangen ist, um den Herzen, die durch enge Gesetze des Lebens getrennt wurden, eine Wohnstatt zu bereiten.«

Perikles und Sokrates waren auf einem Spaziergang in der Allee der Platanen unterhalb des Halbkreises und führten ein Gespräch.

»Phidias ist vom Diebstahl freigesprochen worden, jetzt aber als ein Lästerer der Götter des Staates verhaftet worden.«

»Verhaftet? Phidias!«

»Behauptet wird, er hätte auf Athenes Schild mich und sich selbst abgebildet.«

»Das ist das Volk, das alles Große haßt. Anaxagoras ist in die Verbannung gegangen, weil er zu klug war; Aristides wurde vertrieben, weil er allzu gerecht war; Themistokles, Pausanias ... Was hast du getan, Perikles, als du dem Volk die Macht gabst?«

»Was richtig und gerecht war! Ich falle sicherlich durch mein eigenes Schwert, doch ehrenhaft. Ich gehe umher und sterbe, Stück für Stück, wie Athen. Wußten wir, daß wir unser Standbild für die Fahrt in die Grube schmückten, daß es das Leichentuch war, das wir webten? Wußten wir, daß es Grabgesänge waren, die unsere Tragödiendichter sangen?«

»Athen stirbt, nun gut. Bloß woran?«

»An Sparta!«

»Was ist Sparta?«

»Es ist Herakles, die Keule, die Löwenhaut, die rohe Kraft. Wir Athener sind Theseus' Söhne im Kampf gegen die Herakliden, die Dorier gegen die Jonier! Athen stirbt an Sparta, aber Hellas geht durch Selbstmord unter.«

»Ich glaube, daß die Götter uns aufgegeben haben.«

»Das glaube ich auch, doch das Göttliche lebt.«

»Da kommt Nikias, der Unglücksbote!«

Es war tatsächlich Nikias, und als er die Fragen in den Gesichtern und Blicken der beiden Wanderer sah, entgegnete er ungefragt:

»Von der Agora komme ich.«

»Etwas Neues von der Agora?«

»Die Volksversammlung sucht bei den Mazedoniern Hilfe.«

»Wieso nicht bei den Persern? Nun gut, dann ist das Ende nahe. Suchen sie Hilfe bei ihren Feinden? Bei den Barbaren? Bei dem Mazedonier, der über uns liegt wie ein Löwe auf dem Berg. – Geh, Nikias, und teile mit, daß Perikles im Sterben liegt. Und bitte sie, den Würdigsten als seinen Nachfolger zu wählen! Nicht den Unwürdigsten! Geh, Nikias, und geh schnell!«

»Ich gehe«, sagte Nikias, »aber um einen Arzt zu holen!«

Und er ging.

»Mich heilt kein Arzt«, erwiderte Perikles mit matter Stimme, als spräche er mit sich selbst. Und dann setzte er sich auf seinen gewohnten Platz im Halbkreis.

Als er eine Zeitlang ausgeruht hatte, gab er Sokrates ein Zeichen, daß er näher rücken sollte, denn er wollte nicht laut sprechen.

»Sokrates, mein Freund«, fing er an, »das hier ist der Abschied eines Sterbenden. Du bist der Weiseste; jedoch – nimm's mir nicht übel – sei nicht *zu* weise! Suche nicht das Unerreichbare, und verwirre die Gemüter nicht durch Spitzfindigkeiten. Mache das Einfache nicht doppelt schwer! Du willst die Dinge mit beiden Augen sehen; derjenige aber, der mit dem Bogen zielt, muß ein Auge schließen, sonst sieht er das Ziel doppelt. Du bist kein Sophist, aber du kannst leicht so erscheinen. Du bist kein Freigeist, aber du verkehrst mit solchen Leuten; du haßt deine Stadt und dein Land, mit Recht! aber du sollst sie bis in den Tod lieben, denn das ist deine Pflicht. Du verachtest das Volk, doch du mußt Mitleid mit ihm haben! Ich habe das niedere Volk nicht bewundert, doch ich habe ihnen Gesetze und Rechte gegeben. Darum sterbe ich! Gute Nacht, Sokrates! Jetzt wird es dunkel vor meinen Augen. Du wirst sie mir schließen und mir den Kranz geben. Nun schlafe ich ein. Falls ich je erwache, werde ich auf der anderen Seite sein, und dann will ich dir von dort einen Gruß senden, wenn die Götter es gestatten. Gute Nacht!«

»Perikles ist tot. Hört es, Athener, und weint darüber wie ich!«

Das Volk strömte herbei, doch keiner weinte. Sie fragten sich nur, was nun kommen würde, und fast freuten sie sich auf das Neue.

Der Gerber Kleon stand in der Pnyx auf der Rednertribüne. Unter den aufmerksamsten Zuhörern erblickte man Alkibiades, Anytos und Nikias.

Kleon redete bereits eine Zeitlang und sagte:

»Perikles ist tot, und Perikles ist begraben. Nun wißt ihr es!

Laßt ihn mit all seinen Verdiensten und Fehlern in Frieden ruhen, denn der Feind steht in Sphakteria, und wir müssen einen Feldherrn haben! Dabei kann uns der Schatten des Perikles nicht helfen. Da hinten sitzen zwei, die auf das Amt spekulieren: vornehme Herren alle beide, der eine heißt Nikias der Siegreiche, weil er nie gesiegt hat. Der andere heißt Alkibiades, und dessen Siege kennen wir: er siegt über Becher und Mädchen. Seinen Charakter kennen wir demgegenüber noch nicht, doch ihr werdet ihn eines Tages noch kennenlernen, Athener! Und dann wird er euch die Vorderzähne zeigen. – Zum Feldherrn sind hier vorgeschlagen worden: der und der und der! Eigentümlicherweise alles große Herren, doch alle von Adel, natürlich!

Athen, das allen Königen und ihresgleichen abgeschworen hat, hat nun mit dem königlichen Sparta zu kämpfen und muß sich, seinen Überlieferungen getreu, im Felde unter einem Mann des Volkes zeigen, auf den ihr euch verlassen könnt. Wir brauchen keinen Perikles, der Statuen bestellt und zu seiner Ehre und seinem Vorteil Tempel erbaut – Athen hat genug von solchem Krimskrams! Jetzt könnten wir einen Mann gebrauchen, der die Kriegskunst versteht, ein Herz in der Brust hat und den Kopf auf den Schultern trägt. Wen wünscht ihr euch, ihr Männer von Athen?«

Wie ein junger Löwe sprang Alkibiades auf und ergriff ohne Umschweife das Wort:

»Ihr Männer von Athen! Ich schlage den Gerber Kleon vor! Nicht deswegen, weil er Gerber ist, denn das ist etwas anderes. Allerdings kann man das Heer durchaus mit einer Ochsenhaut vergleichen und Kleon mit einem Gerbemesser, doch Kleon hat andere Eigenschaften, nämlich genau die eines Feldherrn. Sein letzter Feldzug gegen Perikles und Phidias endete ja mit einem Triumph für Kleon. Er bewies einen nie versagenden Mut und einen Verstand, der allen menschlichen Verstand überstieg. Seine Strategie war gewiß nicht die eines Löwen, doch er siegte, und das ist die Hauptsache. Ich schlage Kleon zum Führer des Feldzugs vor.«

Hier trat nun der Fall ein, daß die grobe Ironie doch noch zu fein war und daß das Volk sie für Ernst hielt. Alkibiades genoß auch wegen seiner Verwandtschaft mit Perikles ein gewisses Ansehen, und man hörte seiner Rede gern zu. Daher rief nun die ganze Volksversammlung nach Kleon, und somit war er gewählt.

Aber Kleon hatte nie von der Feldherrnehre geträumt, denn er war klug genug, nicht höher zu streben, als seine Kräfte reichten. Darum protestierte er gegen die Wahl, schreiend und alle Götter zu Zeugen aufrufend.

Doch Alkibiades faßte die Gelegenheit sogleich beim Schopfe, denn er sah ein, daß diese Wahl Kleons Tod sein würde, und daher stieg er auf einen freien Rednerstuhl und hielt folgende Rede:

»Kleon scherzt, und Kleon ist schüchtern. Er weiß selbst nicht, was für ein Feldherr er ist, denn er hat es selbst noch nicht erprobt. Ich aber weiß, wer er ist, ich bestehe auf seiner Wahl, ich fordere ihn auf, seine Pflicht als Mitbürger zu erfüllen, und ich klage ihn vor dem Areopag an, falls er sich drücken will, wenn das Vaterland in Gefahr ist.«

»Kleon ist gewählt!« schrie das ganze Volk.

Doch Kleon protestierte immer noch:

»Ich kenne ja nicht einmal den Unterschied zwischen einem Hopliten und einem Pelasten, ich kann gar keine Lanze führen und auch nicht auf einem Pferd sitzen ...«

Doch Alkibiades übertönte ihn:

»Alles kann er, den Staat lenken und über die Kunst urteilen, Prozesse führen und Sophisten betrügen. Er kann mit Sokrates über die höchsten Dinge disputieren. Mit einem Wort: er hat alle öffentlichen Tugenden und alle heimlichen Laster.«

Das Volk brach in Lachen aus, doch Kleon saß fest.

»Athener«, beendete Alkibiades die Versammlung, »das Volk hat gesprochen, und es gibt keine Berufung. Kleon ist gewählt! Nunmehr ist Sparta verloren!«

Die Versammlung löste sich auf. Doch Kleon blieb noch neben seinem Freund Anytos stehen.

»Anytos«, sagte er, »ich bin verloren.«

»Wahrscheinlich!« erwiderte Anytos.

Alkibiades indessen verließ den Schauplatz an Nikias' Seite.

»Nun ist Kleon tot wie ein Hund! – Dann komme ich!« sagte Alkibiades.

Sokrates ging sinnend daheim auf seinem Hof umher, der sehr einfach war und keinerlei Bogengänge hatte. Seine Ehefrau kämmte Wolle aus, und das wirkte, als zause sie jemanden.

Der Weise schwieg, doch die Frau redete, denn das war ihre Natur.

»Was machst du?« sagte sie.

»Unserer alten Bekanntschaft wegen«, erwiderte ihr Mann, »will ich dir antworten, obschon ich nicht verpflichtet bin, dir Rede und Antwort zu stehen: Ich denke!«

»Ist das eine Beschäftigung für einen Mann?«

»Ganz gewiß, es ist eine höchst männliche Beschäftigung.«

»Zumindest sieht man nicht, was du machst.«

»Als du ein Kind getragen hast, war das auch nicht zu sehen, doch als es geboren war, da sah man es, und vor allem: man hörte es. So können also Beschäftigungen, die man anfangs nicht sieht, später sichtbar werden, und daher darf man sie nicht verachten, am wenigsten dürfen es diejenigen, welche nur an das Sichtbare glauben.«

»Ist das auch eure Beschäftigung, wenn ihr bei Aspasia seid?«

»Das und anderes mehr.«

»Ihr trinkt auch scharf?«

»Ja, denn wer redet, wird durstig, und wer einen durstigen Hals hat, muß trinken.«

»Was ist denn an Aspasia, das die Männer so anlockt?«

»Es sind gewisse Eigenschaften, die das Glück des Zusammenlebens ausmachen: und zwar Rücksichtnahme, Geschmack und maßvolles Wesen.«

»Das ging jetzt auf mich?«

»Es betraf Aspasia.«

»Ist sie schön?«

»Nein.«

»Das behauptet aber Anytos.«

»Er sagt die Unwahrheit. – Triffst du dich mit Anytos, Kleons Freund, meinem Feind?«

»Er ist nicht mein Feind.«

»Aber meiner! Du liebst stets meine Feinde und haßt meine Freunde. Das sind schlechte Anzeichen!«

»Deine Freunde sind schlechte Menschen.«

»Nein, im Gegenteil. Perikles war der Größte, Phidias der Beste, Euripides der Edelste, Platon der Klügste, Alkibiades der Begabteste und Protagoras der Dreisteste.«

»Und Aristophanes, wie?«

»Der ist mein Feind, obzwar ich nicht weiß, warum. Ich vermute, du hast schon von der Komödie gehört, die er über mich geschrieben hat?«

»Anytos hat mir den Inhalt erzählt. Hast du sie gesehen?«

»Ich bin gestern dagewesen und habe ›Die Wolken‹ gesehen.«

»War es amüsant, war es witzig?«

»Was hat denn Anytos gemeint?«

»Er hat mich zum Lachen gebracht, als er mir einige Szenen zum besten gab ...«

»Da muß es lustig gewesen sein, denn sonst hättest du nicht gelacht.«

»Hast du nicht gelacht, mein Sokrates?«

»Doch, natürlich, sonst hätte man mich ja für einen Dummkopf gehalten. Du weißt, daß er mich als einen Schurken und Narren geschildert hat. Da ich keins von beiden bin, so war es nicht Ernst, sondern demzufolge Scherz.«

»Glaubst du das? Ich glaube, es war Ernst.«

»Und du lachst über den Ernst! Weinst du demnach über den Scherz, wie? Das hieße ja, du bist ganz von Sinnen!«

»Meinst du, daß ich eine Irre bin?«

»Ja, wenn du meinst, daß ich ein Schurke bin.«

»Du weißt, daß Kleon im Felde ist?«

»Ich habe es mit Erstaunen vernommen.«

»Mit Erstaunen? Du glaubst also, daß er für den Feldzug ganz untauglich ist?«

»Nein, ich glaube gar nichts, wenn es um seine Tauglichkeit als Feldherr geht. Ich habe ihn nie im Felde gesehen. Doch ich war über seine Wahl erstaunt, wie er selbst, denn sie kam unerwartet.«

»Du erwartest somit seine Niederlage?«

»Nein, ich erwarte den Ausgang, um zu sehen, ob er gewinnt oder verliert.«

»Es würde dich aber freuen, wenn er verlöre?«

»Ich liebe den Kleon nicht, doch als geborener Athener würde ich über seine Niederlage trauern, mich also nicht über Kleons Untergang freuen.«

»Du haßt diesen Kleon, wünschst aber nicht seinen Untergang?«

»Athens wegen nein.«

»Aber sonst?«

»Sonst wäre Kleons Untergang ein Segen für den Staat, denn er war ungerecht gegen Perikles, gegen Phidias und gegen alle, die etwas Großes geleistet haben.«

»Hier kommt Besuch.«

»Das ist Alkibiades.«

»Dieser Lumpenhund! Daß du dich nicht schämst, mit dem zu verkehren!«

»Er ist ein Mensch, hat große Fehler und große Verdienste. Und er ist mein Freund. Mit meinen Feinden verkehre ich ungern.«

Alkibiades klopfte wirklich an das Tor und stürmte herein:

»Papaja! Die Eheleute philosophieren miteinander! Sie reden über die gestrige Komödie. Ein Esel, dieser Aristophanes! Will man einen Feind erschlagen, muß man ihn treffen. Aristophanes aber schlägt in die Wolken. – Treffen, ja! Wißt ihr schon, daß Kleon geschlagen ist?«

»Was für ein Unglück!« rief Sokrates.

»Ist es etwa ein Unglück, daß man sieht, was an diesem elenden Hund dran ist?«

»Ich glaube, Alkibiades ist schlecht unterrichtet«, mischte sich jetzt Xanthippe ein.

»Nein, beim Zeus! Aber ich wünschte, ich wäre es!«

»Still! Anytos kommt!« warnte Sokrates.

»Der Gerber Numero zwei! Es ist doch eigenartig, daß Athens Schicksal von Gerbern bereitet wird!«

»Athens Schicksal? Wer kennt das?«

»Ich, Alkibiades, bin das Schicksal Athens.«

»Hybris! Hüte dich vor den Göttern!«

»Nach Kleon komme ich; Kleon ist nicht mehr, also bin ich an der Reihe!«

»Jetzt ist inzwischen Anytos – hier!«

Anytos trat herein.

»Ich suche Alkibiades!«

»Hier bin ich!«

»Muß ich dich vorbereiten ...«

»Nicht nötig, ich weiß ...«

»Dich vorbereiten auf die Ehre ...«

»Habe ich lange genug gewartet?«

»Daß du an der Spitze gehen sollst ...«

»Dazu wurde ich geboren ...«

»Und die Führung übernehmen ...«

»Das ist mein Platz ...«

»... sollst in dem Triumphzug ...«

»In welchem Zug?«

»Ach so! Du weißt nicht ... in Kleons Triumphzug vom Hafen ...«

Alkibiades fuhr mit der Hand über das Gesicht, auf und nieder, als ob er die Maske wechseln wollte. Und in einem Augenblick war dies geschehen!

»Ja gewiß, gewiß, ganz gewiß! Ich bin ja hergekommen, um seinen Sieg – zu verkünden.«

»Er lügt!« rief nun Xanthippe dazwischen.

»Ich habe mit dem Ehepaar hier gescherzt! – Also: Triumph für den Sieger Kleon! – Denkt nur, was für ein Glück!«

»Sokrates«, preßte endlich Anytos hervor, »freust du dich nicht?«

»Ich freue mich, daß der Feind geschlagen ist.«

»Aber nicht darüber, daß Kleon gesiegt hat?«

»Das ist ja beinahe dasselbe.«

Xanthippe benutzte die Gelegenheit und fuhr dazwischen:

»Es freut ihn nicht, und an Kleon hat er nicht geglaubt.«

»Ich kenne euch«, beendete Anytos das Gespräch, »ich kenne euch Philosophen und Wortklauber! Doch hütet euch gut! Und nun, Alkibiades, komm mit und empfange den verachteten Kleon, der das Vaterland gerettet hat!«

Alkibiades schüttelte Sokrates die Hand und flüsterte ihm ins Ohr:

»Man bedenke: was für ein abgrundtiefes Glück! – Also: noch nicht! Aber das nächste Mal!«

DAS TIER

Vor dem Tempel des Jupiter Latiaris in Rom trafen sich zufällig zwei Männer aus dem Mittelstand. Sie blieben beide stehen und betrachteten den neuen Tempel, der von allen anderen verschieden war und aussah, als sei er einem Erdbeben ausgesetzt gewesen. Der Sockel war nämlich wie ein Dachfirst gebaut, die Säulen standen auf dem Kopf, die Kapitäle unten, und das Dach war wie eine Grundmauer mit Kellerluken errichtet.

»So begegnen wir uns hier wieder, hebräischer Mann«, sagte der eine, der wie ein römischer Händler aussah. »War es nicht in Jaffa, wo wir uns zuletzt gesehen haben?«

»Nun ja!« erwiderte der Hebräer. »Die Römer trifft man überall, sie sind nunmehr überall zu Hause; die Hebräer trifft man auch überall, aber sie sind nirgendwo zu Hause. Doch sage mir: wessen Tempel ist das hier?«

»Das ist der Tempel des Tieres, des Kaisers, des Caligula, des Irrsinnigen, des Mörders, des Blutschänders. Den hat er sich selbst errichtet. Sein Abbild steht da drinnen, und der Wahnsinnige geht jeden Tag hinein, um sich selbst anzubeten.«

Dabei machte der Römer ein Zeichen auf seiner Stirn, indem er den Zeigefinger der rechten Hand zuerst von oben nach unten und dann von links nach rechts führte.

Der Hebräer betrachtete ihn erstaunt.

»Bist du denn nicht Römer?«

»Doch, ich bin ein römischer Christ.«

»Wo wohnst du?«

»Hier, unter der Stadt Rom, in den Felsengewölben.«

Er zeigte auf eine Luke im Erdboden, die denjenigen glich, welche hinunter in die Kloaken führte.

»Wohnst du hier unten in der Erde?«

»Da wohnen wir Christen, dort liegen wir als Saat in der Erde und keimen.«

»Das sind ja Grabgewölbe, da unten!«

»Ja, wir sind begraben mit Christus und warten auf die Auferstehung.«

»Habt ihr auch Tempel da unten?«

»Wir halten unsern Gottesdienst da, und am heutigen Tag feiern wir die Geburt Jesu.«

»Es kommt jemand die Gasse herauf«, sagte der Hebräer.

Der Römer öffnete die Falltür im Erdboden, um hinunterzusteigen.

Da hörte man aus dem Innern der Erde einen Chorgesang:

> »Und die Stadt bedarf keiner Sonne noch des Mondes;
> denn die Herrlichkeit Gottes erleuchtet sie,
> und ihre Leuchte ist das Lamm!«

»Wer ist das Lamm?« fragte der Hebräer.

»Jesus Christus, der Erlöser der Welt.«

»Meinst du denn, die Welt wird erlöst, wenn dieser Wahnsinnige, der Caligula ...«

»Die Welt wird erlöst werden, wenn wir ruhig in der Hoffnung bleiben.«

»Ihr habt also die Verheißung von Israel übernommen?«

»Nein, wir haben die Verheißung geerbt, denn Christus war aus dem Stamme Juda vom Volke Israels.«

»Da kommt jemand!«

»Dann lebe wohl! Wir treffen uns wieder, denn die Welt ist unser!«

Drinnen im Tempel, der vom Volk ›die umgestülpte Welt‹ genannt wurde, schlich ein Mann gänzlich verängstigt an den Wänden entlang, als fürchte er sich, seinen Rücken zu zeigen. Er hatte das Gesicht eines Jünglings, aber es wurde nicht durch einen Haarkranz eingefaßt. Seine Oberlippe war nach der linken Seite aufwärts geschoben und ließ einen langen Raubtierzahn sehen; zugleich schoß das rechte Auge Blitze wie giftige Pfeile. Er schlich die Wände entlang bis zur Apsis, in der sich ein Standbild erhob, das eine getreue Kopie dieses furchtsamen Mannes war, so getreu, daß sie sogar die gleichen Kleidungsstücke trug.

»Ist der Priester da?« flüsterte der wahnsinnige Kaiser, denn er war es.

Aber es kam keine Antwort.

»Priester, lieber Priester! Ich habe schreckliche Angst! Kommst du nicht?«

Jetzt trat ein Opferpriester vor, fiel vor dem Kaiser auf die Knie und betete ihn an:

»Jupiter, optimus maximus latiaris, bringe Furcht und Schrekken unter deine Feinde!«

»Habe ich denn Feinde? Ah, und das ist also der Grund, warum ich solche Angst habe! Glaubst du, daß ich Gott bin?«

»Du bist es!«

»Laß es donnern! Dadurch verscheuche ich meine Feinde.«

Der Priester schlug auf eine Pauke, und es dröhnte laut im Tempel.

Der Kaiser lachte so sehr, daß alle seine Zähne sichtbar wurden.

»Priester!« schrie er, indem er sich auf einen Thronsessel setzte, »jetzt wirst du mir ein Opfer bringen!«

Da zündete der Priester auf dem kleinen Altar vor dem Wahnsinnigen ein Feuer an. Der Kaiser redete:

»Es riecht gut! Nun bin ich der Mächtigste im Himmel und auf Erden. Ich fälle den Richtspruch über Lebende und Tote. Ich schleudere sie in den Tartarus, oder ich erhebe sie in das Elysium. Wie bin ich mächtig! – Die Wogen des Meeres zähme ich und gebiete Schweigen dem Sturm. Ich beherrsche die Bahnen der Planeten, und ich habe das Chaos geschaffen. Das Menschengeschlecht liegt mir zu Füßen; von den Urwäldern Britanniens bis zu den Quellen des Nils, die ich allein entdeckt habe. Mein Leibroß Incitatus habe ich zum Konsul ernannt, und das Volk hat es als Konsul anerkannt. Opferpriester! Bete mich an! Oder hast du vergessen, wer ich bin? Nein, ich selbst muß mich in meinem Bilde anbeten. – Cajus Caesar Caligula! Ich verehre dich, Herr der Welt, so wie ich mich selbst verehre, du Jupiter Latiaris Caligula!«

Er fiel vor dem Standbild auf die Knie.

»Da kommt jemand«, warnte der Priester.

»Bring ihn um!«

»Es ist der Tribun Cassius Chaeraea!«

»Jage ihn fort!«

»Chaeraea läßt sich nicht verjagen!«

Der Tribun trat ein, furchtlos, ohne Zeremonien.

»Cajus Caesar. Deine Ehefrau ist tot!«

»Um so besser!« erwiderte der Kaiser.

»Dein einziges Kind wurde an einer Mauer zerschmettert.«

»Ah, wie lustig!« lachte der Irre.

»Und jetzt wirst du sterben!«

»Das kann ich nicht. Ich bin unsterblich.«

»Draußen erwarte ich dich. Hier soll es nicht geschehen.«

»Krieche hinaus, du Ameise! Mein Fuß ist zu erhaben, um deiner Winzigkeit zu nahen.«

Da stieg ein Gesang aus dem Fundament des Tempels oder aus der Erde empor. Es waren Kinderstimmen.

Erneut befiel den Kaiser die Furcht, und er kroch unter seinen Thronsessel. Chaeraea, der an der Tür gewartet hatte, verlor die Geduld.

»Komm heraus, du Hund! Oder ich erschlage dich hier!«

»Chaeraea«, winselte der Kaiser, »töte mich nicht! Deinen Fuß will ich küssen.«

»Dann küß ihn, während ich dich jetzt tottrete!«

Und der riesengroße Mann schob den Thronsessel weg und stellte sich auf den Verrückten, und mit dem Absatz zertrat er ihm den Kehlkopf, so daß die Zunge aus dem Rachen hervortrat. Und sie spie noch im Tode Verwünschungen aus.

Das Tier hatte drei Köpfe. Der zweite hieß Claudius. Und dieser Kaiser saß gerade beim Würfelspiel mit seinem Freund Cajus Silius, der durch seine Schönheit und seinen Reichtum weithin berühmt war.

»Achte auf das Spiel!« zischte der Caesar.

»Ich achte ja darauf!« erwiderte der Freund.

»Nein, du bist geisteasbwesend. Wo bist du heute nacht gewesen?«

»In Suburra war ich.«

»Du sollst nicht nach Suburra gehen! Hier bei mir sollst du sein! Paß auf das Spiel auf!«

»Ich paß ja auf. Aber worum spielen wir eigentlich?«

»Du spielst um dein Leben!«

»Und du, Caesar?«

»Auch um dein Leben!«

»Aber wenn du verlierst?« fragte Silius.

»Dann verlierst du dein Leben!«

Der Kaiser schlug mit dem Würfelbecher auf den Tisch. Sein Sekretär Narcissus trat ein.

»Gib mir das Schreibzeug, Narcissus! – Gegen Schlangenbisse soll man Eibenharz anwenden.«

»Und gegen Schierlingsgift?«

»Cicuta? Dagegen gibt es kein Mittel. Paß jetzt auf das Spiel auf, sonst werde ich böse!«

»Du kannst ja gar nicht böse werden«, erwiderte Silius.

»Nein, das ist wahr, es gelingt mir nicht. Ich habe es nur so gesagt!«

Die Gemahlin des Kaisers, die berühmte Messalina, war eingetreten.

»Wieso sitzt Silius hier und spielt, da er mich doch ins Theater begleiten soll?«

»Er ist dazu gezwungen«, entgegnete der Kaiser.

»Was hast du armer Wicht denn für Rechte auf ihn?«

»Er ist mein Sklave! Alle sind Sklaven des Herrn der Welt! Daher ist Rom auch der demokratischste unter allen Staaten. Alle Bürger sind vor mir und Gott gleich!«

»Er ist dein Sklave, aber er ist auch mein Mann!«

»Dein Mann? Ich bin doch mit dir verheiratet!«

»Ja, was macht das schon!«

»Gehst du etwa hin und verheiratest dich, ohne mich um Erlaubnis zu fragen?«

»Ja, warum denn nicht?«

»Du bist lustig, Messalina, immerhin. Und ich verzeihe dir! – Geht jetzt, meine Kinder, und amüsiert euch gut! Narcissus wird mit mir spielen.«

Als der Kaiser mit dem Sekretär allein war, veränderte sich sein Gesicht.

»Geh ihnen nach, Narcissus!« zischte er. »Nimm Locusta mit und gib ihnen den Giftbecher! – Dann werde ich Agrippina zur Frau nehmen!«

Als aber Silius und die Kaiserin aus der Tür getreten waren, fragte Silius ganz unschuldig:

»Hast du selbst die Champignons zubereitet, die er zum Abend essen soll?«

»Nein, ich habe es nicht selbst getan, Locusta hat es übernommen, und die versteht ihre Sache!«

Der dritte Kopf des Tieres hieß Nero. Er war der würdige Sohn Agrippinas: seinen Halbbruder Britannicus hatte er vergiftet, seine Mutter ermordet, seine Ehefrau totgetreten und zuletzt mit allen üblichen Zeremonien einen Gladiator geheiratet. Er fälschte Münzen und plünderte Tempel. Er unternahm eine Kunstreise nach Griechenland, bei der er zunächst als Sänger auftrat, wofür er achtzehnhundert Kränze erhielt, und danach als Wagenlenker. Er warf den Wagen zwar um, aber er bekam trotzdem den Preis, weil es niemand wagte, ihm den zu verweigern.

So tief waren Rom und Hellas gesunken! Und Claudius war ein Engel gegenüber diesem Untier, das aber ebenfalls unter die Götter versetzt wurde.

Der Kaiser war heute von einer Kunstreise heimgekehrt und hatte seine Hauptstadt in hellen Flammen vorgefunden. Weil er so oft in betrunkenem Zustand auf sein altmodisches Rom mit seinen engen Straßen und häßlichen Häusern geflucht und bei mehreren Gelegenheiten gewünscht hatte, an allen vier Enden möge Feuer ausbrechen, kam er nun in den Verdacht der Brandstiftung. Da saß er nun in seinem Palast auf dem Esquilin, im großen Pfeilersaal, und genoß den Anblick der prächtigen Feuersbrunst.

Es war ein Marmorsaal mit nur wenigen Möbelstücken, denn der Kaiser fürchtete, hinter ihnen könnten sich Mörder verbergen. Auf der Rückseite des Saales befand sich ein starkes doppeltes Gitter aus vergoldetem Eisen, hinter dem zwei gelbbraune Löwen aus Libyen lauerten. Er nannte sie seine Katzen.

An der Gittertür standen zwei Sklaven, Pallas und Alexander, die jede Veränderung im Gesicht ihres Herrschers genau beobachteten.

»Er lächelt«, flüsterte Pallas. »Dann ist es aus mit uns. – Bruder, wir sehen uns einst wieder! Bete für mich und gib mir den Friedenskuß!«

»Erlösen wird dich unser Herr von allen Übeln! Er wird dich aufnehmen in sein himmlisches Reich! Dort wird das Vergängliche unvergänglich und das Sterbliche unsterblich sein.«

Das rote Gesicht des Kaisers, rot vom Wein und vom Schein des Feuers, bekam einen gespannten Ausdruck. Ohren und Augen ließen erkennen, daß er auf den Lärm da draußen lauschte. Hörte er etwa, wie die Volksmenge flüsternd ihren Verdacht über den Brandstifter äußerte?

»Pallas!« brüllte er. »Da brennt Rom nieder!«

Der Sklave blieb stumm vor Schrecken.

»Pallas! Bist du taub?«

Keine Antwort.

»Pallas! Bist du stumm? – Die da unten sagen, daß ich den Brand gelegt hätte, aber das ist nicht wahr! Lauf hinaus auf die Straßen und verbreite die Nachricht, die Christen hätten es getan!«

»Das werde ich nicht tun!« erwiderte der Sklave.

Nero glaubte, er höre nicht recht.

»Weißt du denn nicht, daß die Christen Zauberer sind und wie Ratten da unten in den Grabschächten wohnen, so daß ganz Rom gewissermaßen auf den Christen ruht? Ich habe schon daran gedacht, den Tiber hineinzuleiten und sie allesamt zu ersäufen, oder die Wände der Kloaken zu öffnen und die Katakomben mit Dreck und Schmutz zu füllen. Ihre sibyllinischen Bücher haben den Untergang Roms vorausgesagt, aber sie sprechen von Babel und nicht von Rom. Sieh an! Jetzt fängt auch das Kapitol Feuer! Lauf los und sage, daß die Christen es getan haben!«

»Ich werde es nicht tun«, rief Pallas laut und deutlich, »denn es ist nicht wahr!«

»Jetzt habe ich richtig gehört!« schrie der Kaiser und sprang auf. »Du willst nicht in die Stadt gehen! So geh durch dieses Gitter hier hinaus und spiele mit meinen Katzen!«

Er öffnete die erste Gittertür und stieß Pallas auf den Innenhof vor die Löwen.

»Alexander!« rief Pallas mit lauter Stimme. »Siehe, ich habe dich beschworen, fest und freimütig zu bleiben!«

»Ich weiß, daß mein Erlöser lebt und daß er mich am Ende wieder aufwecken wird aus der Erde.«

»Was redet ihr denn für eine Sprache?« sagte der Kaiser und zog an einer Leine, die die zweite Gittertür zu den Löwen öffnete. »Alexander! Geh du in die Stadt und verbreite das Gerücht, die Christen hätten Rom angezündet!«

»Nein!« entgegnete Alexander. »Ich selbst bin nämlich Christ.«

»Was ist ein Christ?«

»Also hat Gott die Welt geliebt, daß er seinen eingeborenen Sohn gab, auf daß alle, die an ihn glauben, nicht verloren werden, sondern das ewige Leben haben.«

»Du wirst nicht vergehen? Habe ich nicht die Macht, dich zu vernichten?«

»Du hättest keine Macht über mich, wenn sie dir nicht von oben herab gegeben wäre.«

»Er fürchtet den Tod nicht! – Lentulus! Bring Feuer her! Ich werde deine Kleider anstecken! Dann werden wir ja sehen, ob du nicht brennen kannst! Ich will dein Haar anzünden, deinen Bart, deine Nägel! Doch vorher wollen wir dich in Öl und Naphta tränken! In Pech und Schwefel werde ich dich tränken! Dann kannst du beweisen, ob du ewig lebst! Lentulus!«

Lentulus stürzte herein.

»Herr! Flieht! Es ist ein Aufruhr in der Stadt!«

»Muß ich fliehen? – Erst das Feuer her!«

»Spanien hat sich erhoben. Dort hat man Galba zum Kaiser ausgerufen.«

»Galba! Eheu fugaces. Posthume... Galba! – Nun, dann laß uns fliehen! Aber wohin?«

»Durch die Katakomben, Herr!«

»Nein, da wohnen die Christen, und die werden mich umbringen.«

»Sie bringen niemanden um«, sagte Alexander.

»Nicht einmal ihre Feinde?«

»Sie beten sogar für ihre Feinde.«

»Dann sind sie verrückt! – Um so besser!«

Die Christen waren in den Katakomben in einer der Krypten versammelt.

»Das Kapitolum brennt, das ist das Zion der Heiden!« sagte Alexander.

»Der Herr Zebaoth nimmt Rache für sein zerstörtes Jerusalem.«

»Sage nicht: Rache! Sage: Strafe!«

»Da kommt einer durch den Gang!«

»Ist es ein Bruder?«

»Nein, er fällt vor dem Kreuz nicht auf die Knie!«

»Dann ist es ein Henker!«

Da wurde der Kaiser sichtbar, zerlumpt, schmutzig und mit einem Taschentuch um die Stirn. Als er sich den Christen näherte, hielt er sie wegen ihrer weißen Mäntel für Griechen. Er wurde ruhig und beschloß zu unterhandeln.

»Seid ihr Griechen?«

»Wir sind weder Juden noch Griechen, weder Barbaren noch Skythen, weder Diener noch Herren. Wir sind vielmehr alle Brüder in Christo. Willkommen, Bruder!«

»Das ist das Tier!« sagte Alexander.

Da erkannte der Kaiser seinen entlaufenen Sklaven, und in seiner Angst fiel er vor ihm auf die Knie.

»Bringt mich nicht um! Ich bin bloß ein armer Steinhauer, der sich verlaufen hat. Zeigt mir den Weg nach draußen! Geht es nach rechts oder nach links?«

»Kennst du mich nicht?« fragte Alexander.

»Alexander!« erwiderte der Kaiser.

»Den du verbrennen wolltest! Ich bin es!«

»Gnade! Bringt mich nicht um!«

»Steh auf, Caesar! Dein Leben liegt in Gottes Hand.«

»Erhalte ich also Gnade?«

»Du sollst einen Wegweiser erhalten!«

»Sagt mir bloß, ob es nach rechts oder nach links geht, dann helfe ich mir schon selbst!«

»Halte dich nach links!«

»Und lügst du auch nicht?«

»Das kann ich gar nicht. Siehst du, das ist der Unterschied!«

»Warum lügst du nicht? Ich hätte es jedenfalls getan.«

»Halte dich nach links!«

Der Kaiser war schließlich überzeugt und ging. Aber nach ein paar Schritten blieb er stehen und drehte sich um:

»Pfui! Verflucht seid ihr, Sklaven! Nun helfe ich mir selbst!«

Es war eine fürchterliche Gewitternacht, als Nero, begleitet von dem Knaben Sporus und einigen Sklaven, auf dem Landgut seines Freigelassenen Phaon anlangte. Phaon wagte es nicht, seinen Kaiser aufzunehmen, sondern riet ihm, sich in einer Lehmgrube zu verbergen. Aber Caesar wollte nicht in die Erde hineinkriechen, sondern er sprang, als er die Verfolger kommen hörte, in einen Tümpel und blieb im Wasser stehen.

Von dort aus hörte er, wie die Vorübergehenden, die ihn suchten, sich erzählten, daß er dazu verurteilt sei, totgepeitscht zu werden. Da stieß er sich nach einigem Zögern den Dolch in die Brust.

Seine Amme namens Acte, die auch seine Geliebte gewesen war, begrub ihn auf dem Berg der Gärten, dem Monte Pincio. Und das römische Volk liebte ihn nach seinem Tode und brachte lange Zeit Blumen auf sein Grab. Aber die Christen sahen in ihm das Tier und den Antichrist der Apokalypse.

APOSTATA

Dreihundert Jahre und einiges mehr nach Christi Tod hatte die Weltgeschichte ihren Thespiskarren vom Mittelmeer nach Osten weitergeschoben. Griechenland war in die ewige Ruhe eingegangen, Rom lag in Ruinen und war ein Vasallenstaat geworden, Jerusalem war zerstört, Alexandria am Nildelta hatte seinen Niedergang erlebt. Die Hauptstadt der Welt lag am Schwarzen Meer und war eine halb morgenländische Kolonie, genannt Byzanz oder, nach Konstantin dem Großen, Konstantinopel. Die heidnische Welt lag brach, und das Christentum war Staatsreligion geworden. Doch der Geist des Christentums hatte das Kaisertum nicht durchdrungen. Es gab die Lehre, viele Lehren, aber der Hof lebte schlimmer als die Heiden, und der Weg zum Thron in Byzanz führte dorthin gewöhnlich über Mord.

Aber zur selben Zeit, da Europa seinen Schwerpunkt nach Osten verschob, hatte es im Westen und Norden neue Eroberungen gemacht. Die Römer hatten fünfzig Städte am Rhein errichtet, und ganz Gallien wurde seit den Zeiten Caesars von römischen Pflügen kultiviert und betete die römischen Götter in römischen Tempeln an.

Als nun das Christentum in Gallien eingeführt werden sollte, stieß das auf Schwierigkeiten. Die eigene Religion des Landes, der Druidenkult, war soeben von Kaiser Claudius verboten worden, und an ihrer Stelle hatte man die römische eingeführt. Nach diesen Veränderungen sofort wieder andere vorzunehmen schien der Nation nicht recht einzuleuchten, und daher befand sich Gallien in einem Zustand der Auflösung, aus dem jedoch etwas Neues hervorzuwachsen schien.

Indessen, unter der Regierung Konstantins begannen von anderer Seite Gefahren gegen die jüngst gebildete gallische Provinz heraufzuziehen. Germanische Stämme, Franken und Alemannen, wurden von den Herrlichkeiten des Reiches angelockt, wo die Berge von Wein schier troffen und die Ebenen von gelbem Weizen überquollen. Um diese beste Provinz zu schützen, und vielleicht auch aus anderen Gründen, schickte der Kaiser seinen Vetter und Schwager Julianus aus, die Germanen zu bekriegen. Julianus war zwar in einem Kloster und an der Universität erzogen worden, doch er schien das Kriegführen zu verstehen, denn er schlug die Eindringlinge und zog darauf nach Lutetia Parisiorum.

Die Legionen waren den Mons Martis oder Mons Martyorum, wie er auch genannt wurde, hinaufgerückt. Und an ihrer Spitze marschierte der unscheinbare Mann mit dem Philosophenbart, Julianus, der zwar zum Caesar ernannt worden war, deshalb aber doch keineswegs die Kaiserwürde errungen hatte.

Ganz oben, auf dem Gipfel des Berges, stand ein Marstempel. Der war jedoch geschlossen. Als das Heer sich gelagert hatte, trat Julianus einsam an den Abhang heran, um die Stadt Lutetia zu beschauen, die er zuvor noch nie gesehen hatte.

Auf einer Insel zwischen zwei Armen des Seine-Flusses lag die Stadt mit dem Jupitertempel. Der Kaiserpalast jedoch und das Amphitheater waren auf dem Parnaß-Berg am westlichen Ufer des Stromes zu sehen. In den dreihundert Jahren, die seit dem Tod Caesars vergangen waren, hatten die Kaiser sich hier zeitweise aufgehalten, und erst jüngst hatten Konstantin der Große und Constantius das Lutetia der Pariser zu ihrem Wohnsitz gewählt.

Als der Caesar das Tal mit dem Fluß eine Zeitlang gedankenvoll betrachtet hatte, brach er aus:

»Urbs! Das hier ist ja Rom! Ein Fluß, ein Tal und Hügel, sieben oder mehr! Ganz wie in Rom! Seht ihr nicht, wir befinden uns auf dem Kapitolinischen Hügel. Auf der anderen Seite haben wir den Parnaß-Berg,* das da ist der Janiculus, und im Norden stellt der Mons Valerianus** unseren Vaticanus dar. Und

* Montparnasse

** Mont Valérien

die Stadt auf der Insel! Diese Insel sieht ja genauso aus wie ein Schiff, ganz so wie die Tiber-Insel, auf der man einen Obelisk als Mast aufgestellt hat, so auffällig ist die Ähnlichkeit mit einem Schiff! Caesar war wohl zu originell, um kopieren zu wollen! – Sie nennen Byzanz das Neue Rom. Aber Rom ist wie ein Regenwurm. Wenn man den in zwei Stücke schneidet, so wird aus jedem Stück ein neues Lebewesen. Was meinst du dazu, Maximus?«

»Die Stadt der sieben Hügel und der sieben Könige ist Rom gewesen, aber wie viele es hier werden, kann niemand sagen.«

»Daran habe ich noch niemals gedacht«, sagte Julianus, »daß Rom nur sieben Könige hatte – ebenso viele, wie es Hügel gibt ... ein merkwürdiger Zufall!«

Maximus, der Mystiker, der gemeinsam mit dem Sophisten Priscus allzeit Julianus begleitete, um ihm Gelegenheit zum Philosophieren zu geben, wandte sofort ein:

»Es gibt keine Zufälle, Caesar! Alles ist vorausbestimmt und berechnet. Alles ist in ganz bewußter Absicht und in einer bestimmten Übereinstimmung erschaffen, die Feste des Himmels ebenso wie das Rund der Erde ...«

»Das hast du in Ägypten gelernt«, unterbrach ihn Priscus, »denn die Ägypter sehen ja ihren Nilstrom im Sternbild Eridanus. Ich würde wirklich gern wissen wollen, unter welchem Sternbild dieses Lutetia liegt.«

»Es liegt unter der Andromeda – genau wie Rom!« erwiderte Maximus. »Aber über das Heilige Land herrscht Perseus, und über Jerusalem steht Algol.«

»Warum nennst du dieses verfluchte Land heilig?« schrie Julianus, der sein sonst ruhiges Wesen nicht beherrschen konnte, sobald jemand von etwas sprach, was mit dem Christentum in Verbindung stand, das er haßte.

»Ich nenne das Land deswegen heilig, weil dort der Erlöser der Welt geboren wurde. Und du weißt, daß er ohne Vater geboren wurde, so wie Perseus! Außerdem weißt du noch, daß Perseus Andromeda erlöste, so wie Jesus Christus Rom und Lutetia erlösen wird.«

Julianus schwieg, denn als Neoplatoniker war er sehr für Analogien zu haben, die Ausblicke über das Endliche hinaus eröffneten. Und ein poetisches Bild war für ihn mehr als nur eine rhetorische Ausschmückung. – In einem Kloster von christlichen Priestern erzogen, hatte er frühzeitig Einblick in die neuen christlichen Lehren erhalten. Mit seiner philosophischen Bildung hatte er jedoch wahrzunehmen geglaubt, daß der Keim des Christentums schon bei Sokrates und Plato gelegt worden war. Als er schließlich mit den Neoplatonikern bekannt wurde, fand er eigentlich nichts an den soeben festgelegten Dogmen des Christentums zu bekritteln. Doch hatte ihn ein grenzenloser Haß gegen diese Galiläer erfaßt, die sich nunmehr alle Weisheit der vergangenen Zeiten aneignen und ihr ihre Namen geben wollten. Seiner Meinung nach waren sie nichts weiter als Diebe. – Daß Christus Gottes Sohn war, fand er ganz natürlich, denn als Pantheist glaubte er ohnehin, daß die Seelen aller Menschen aus Gott geboren und somit Seiner teilhaftig sind. Er selbst bekannte sich zu dem vor kurzem in Nicaea angenommenen Glaubenssatz, daß er Sohn eines Wesens mit dem Vater sei, obschon er ihn auf seine Weise auslegte. Wunder passierten ja täglich, und sie konnten von Zauberern ja simuliert werden. – Den Sündenfall erkannte er an, denn auch Plato hatte ja erklärt, daß die Seele in der Materie gefangen sei, in der sündigen Materie, gegen die wir hier zu kämpfen hätten. Und Paulus hatte das ja auch in seinem Brief an die Römer mit den Worten bekräftigt:

›Denn das Gute, das ich will, das tue ich nicht, sondern das Böse, das ich nicht will, das tue ich.‹ Und: ›Denn ich habe Lust an Gottes Gesetz nach dem inwendigen Menschen. Ich sehe aber ein ander Gesetz in meinen Gliedern, das da widerstreitet dem Gesetz in meinem Gemüte... Ich elender Mensch! Wer wird mich erlösen von dem Leibe dieser Sünde (dieses Todes)?‹ – Das war die Klage des denkenden und erkennenden Menschen über die Gefangenschaft in der Materie, des Menschengeschlechtes Ekel vor sich selbst.

Julianus hatte als tief erkennender und hochstrebender Geist diesen Druck gespürt und redlich gegen die Begehrlichkeit des Fleisches angekämpft, und sogar mit Erfolg. Unter Wüstlingen und Mördern war er aufgewachsen, umgeben von dem unerhörten Luxus des byzantinischen Hofes, an dem es beispielsweise tausend Barbiere und tausend Köche gab; er hatte den Luxus sofort abgeschafft und lebte wie ein christlicher Asket, handelte recht und dachte edel. Die Gefangenschaft in der Materie oder die Sünde hatte er vollständig begriffen; aber von der Erlösung durch Christus hatte er nicht die geringste Vorstellung. Seit Christi Geburt waren nun dreihundertsechzig Jahre vergangen, aber die Welt war nur noch schlechter geworden. Er hatte die Christen, vor allem aber seinen Onkel, Konstantin den Großen, ärger leben sehen als die Heiden. Als junger Mann hatte er zu seinen Seelenkämpfen die neue Lehre erprobt. Er hatte zu Christus gebetet wie zu Gott; aber er war nicht erhört worden. Als er sich darüber bei dem frommen Eusebius beklagte, entgegnete dieser:

»Seid geduldig in der Hoffnung! Fahret fort im Gebet!«

Der Jüngling aber hatte geantwortet: »Ich kann nicht geduldig sein!« – Darauf entgegnete Eusebius: »Die Erlösung kommt; aber wir kennen die Stunde nicht. Tausend Jahre sind vor Gott, unserm Herrn, wie ein Tag. Warte fünf Tage, und du wirst sehen!« – »Ich will aber nicht warten!« raste der junge Mann. – »So reden auch die Verdammten. Aber, siehst du, die Ungeduld ist eine der Plagen der Hölle, und mit deiner Ungeduld schaffst du dir selbst deine Hölle!«

Julianus wurde ein Christushasser, ohne daß er eigentlich wußte, warum er es war. Die Philosophen hatten ihn dies nicht gelehrt, denn sie legten sich das Christentum nach ihrer Philosophie zurecht. Die einfache Widerlegung des Christentums durch Celsus hatte den reifen und hochentwickelten Verstand des Julianus ebenfalls nicht verführen können. Eusebius erklärte den Christushaß seines Schülers auf folgende Weise: »Er hat Heidenblut im Körper. Er stammt nämlich aus Illyrien; er gehört wohl nicht in diesen Schafstall. Oder vielleicht ist sein Hochmut so grenzenlos, sein Neid so groß, daß er im Reich des Geistes keinen Alleinherrscher duldet. Er lebt ja selbst wie ein Christ, und er lehrt dasselbe wie Christus; aber dennoch ist er ein Christushasser.«

Unterdessen hatte sich Caesar, um seinen Zorn zu verbergen, dem kleinen Marstempel auf dem Hügel genähert. Das Bauwerk war verfallen, die Türen hatte man fortgeschafft, und die Säulen waren geborsten.

Als er in die Cella kam, erblickte er in der Apsis die Marsstatue, die nach einem guten griechischen Ares-Vorbild geschaffen worden war; aber die Nase war abgeschlagen, die Finger waren verschwunden, und die ganze Figur war mit Schmutz besudelt!

»Das haben die Galiläer getan!« sagte Julianus. »Aber das werden sie mir büßen!«

»Sie haben es schon gebüßt, mit ihrem Leben!« antwortete Maximus. »Dionysius* wurde auf diesem Hügel enthauptet, und seine Kapelle ist da unten am Abhang zu erkennen.«

»Bist du auch ein Galiläer?«

»Nein, aber ich liebe die Gerechtigkeit.«

»Die Gerechtigkeit und ihre Göttin Astraea, sie verließen diese Erde, als das Eiserne Zeitalter begann; jetzt steht die Göttin als Stern am Himmel.«

»Im Tierkreis!« flocht Priscus ein. »Ich glaube, wir alle leben ebenfalls in Tierkreisen, und da hat die Gerechtigkeit nun einmal keinen Platz!«

Nun war vom Lager her Stimmengewirr zu vernehmen. Julianus erklomm einen Steinhaufen, um zu sehen, was es gab.

Der ganze Nordosthang des Marsberges war voller Soldaten, und weiter unten im Tal sah man Lagerfeuer und Zelte. Unter den vielen Tausenden waren alle Völker der Erde vertreten: Römer, Griechen, Ägypter, Neger, Hebräer, Perser, Afghanen, Skythen, Germanen, Briten, Gallier. Jetzt waren sie alle in Bewegung geraten, und es gab ein Gewimmel, als ob Mücken umherschwärmten.

»Warum denn diese Unruhe?« fragte Julianus.

* Saint Denis

Von der Denis-Kapelle hatte eine kleine Glocke zum Angelus geläutet; die Christen waren auf die Knie gefallen, aber die Heiden waren stehen geblieben. Sie hatten ihre Beschäftigungen fortgesetzt. Die Christen betrachteten das als Störung, die Heiden auch.

»Diese Religion«, sagte Julianus, »die alle sammeln soll, trennt sie nur. Wenn die Kirchenversammlungen, statt neue Glaubensbekenntnisse aufzustellen, alle Formen gesprengt und einen freien Gottesdienst verkündet hätten, mit Lobgesängen und mit einer Anbetung des Allerhöchsten, dann hätten alle Völker die Knie gebeugt im Namen dieses Namenlosen. Seht euch die Christen an! Sie haben nun das Gesetz auf ihrer Seite, und deshalb zwingen sie jetzt die Heiden, ihren Galiläer anzubeten! – Dabei will ich ihnen nicht helfen. – Nationen kann ich zusammenhalten, aber Bekennern gegenüber vermag ich nichts. – Gehen wir zur Stadt hinunter; hier will ich mich nicht einmengen.«

Da näherten sich einige christliche Tribunen dem Caesar, in der deutlichen Absicht, sich zu beschweren; doch er gab ihnen einen Wink umzukehren, denn er wollte nicht mit ihnen reden.

Julianus hatte zu Fuß und mit seinen Philosophen Einzug in Paris gehalten. Generäle oder andere Befehlshaber hatte er nicht mitgenommen, weil er ihnen nicht traute.

Die neue Stadt erschien ihm als ein Abbild des Roms der Cäsaren in Miniaturform. Den Stadtkern bildeten zwar strohgedeckte Hütten, aber es gab auch mehrere Tempel und Kapellen, eine Präfektur, ein Forum und ein Amphitheater. Das Forum, welches auch als Marktplatz Verwendung fand, war von Bogengängen umgeben, in denen die Wechsler und Kaufleute ihre Buden aufgeschlagen hatten. An der Schmalseite stand die Präfektur, in der auch der Aedil und der Quaestor ihre Wohnungen hatten.

Vom Volk nicht erkannt und bemerkt, betrat der Caesar die Präfektur. Im Vorraum sah er christliche Symbole: das Kreuz, den Fisch, den guten Hirten und dergleichen. Zwar war das Christentum Staatsreligion, doch der Haß des Caesars auf alles Christliche war so groß, daß er die Bildnisse nicht ansehen konnte. Er schritt daher wieder hinaus. Dann ließ er den Präfekten zu sich kommen und befahl ihm, daß er ihm den Weg zum Kaiserpalast am linken Flußufer zeigen möge.

Dort richtete er sich nun ein; er selbst beanspruchte nur eine einfache Kammer, die einer Mönchszelle ähnelte.

Da er mancherlei Umwege hatte machen müssen, seit er Byzanz verlassen hatte, und da auch die Unterwerfung der Franken und Alemannen Zeit gekostet hatte, waren Briefe aus Byzanz vor ihm angelangt. Unter ihnen war einer vom Kaiser, der ihm viel Kummer bereitete. Die Einstellung des Kaisers zu seinem Vetter Julianus war allzeit zweideutig gewesen, nahezu feindselig. Nach den Siegen, die Julianus errungen hatte, war der Despot in Byzanz gänzlich von Neid und Furcht erfaßt worden. Der Brief befahl Julianus, sofort die Legionen zurückzuschicken, da ja der Krieg beendet wäre.

Julianus begriff die Gefahr, die entstand, wenn er dem wiedergewonnenen Land die Verteidiger entzog. Seine Rechtschaffenheit und sein Pflichtgefühl geboten ihm jedoch zu gehorchen, und so sandte er, ohne zu zögern, das Edikt des Kaisers ins Lager.

Das ereignete sich am Abend des ersten Tages.

Am folgenden Morgen war Julianus mit seinem Stab von Gelehrten auf eine kleine Wanderung gegangen. Langsam stieg man den Parnaßberg hinauf und streifte, nachdem man die gebahnten Wege verlassen hatte, durch die Eichenwälder am Nordhang. Es wurde gewaltig philosophiert und disputiert; man vergaß Zeit und Raum; und immer tiefer verirrte sich die Gesellschaft in den Wald.

Endlich war man auf einer Lichtung angekommen, auf der Rehe weideten, die bei ihrem Herannahen die Flucht ergriffen. Dann ließen sich alle auf seltsam geformten Steinen nieder, die in einem Kreis angeordnet waren. In den Eichen über ihren Köpfen waren große grüne Klumpen zu erkennen, die jedoch anders gefärbt waren als das Laub der Bäume; da hielten sie sie für Vogelnester.

»Noch niemals habe ich so viele Krähennester auf einmal gesehen«, sagte der Caesar.

»Das sind keine Krähennester, gnädigster Herr«, erwiderte der Schreiber Eleazar, der als Sekretär diente. »Es ist die heilige Mistel, die auf den Eichen wächst und durch die Einwirkung kosmischer Kräfte diese Kugelgestalt annimmt, welche ja auch die Form der Erde und der übrigen Himmelskörper sein soll.«

»Dann ist dies ...«

»Ja, und es scheint, daß wir uns in einem heiligen Opferhain aufhalten, wo die ursprünglichen Götter dieses Landes von Druiden angebetet werden, obgleich ihr Kult ja verboten ist.«

»Verboten trotz des kaiserlichen Edikts von Mailand über die Religionsfreiheit«, fügte der Sophist Priscus hinzu.

Julianus liebte es nicht, an diese Freiheit erinnert zu werden, durch welche das Christentum die Freiheit bekommen hatte, die anderen Glaubensbekenntnisse zu unterdrücken. Er stand auf und mit ihm die ganze Gesellschaft, und man setzte die Wanderung fort.

Nach einiger Zeit hatte man Suresnes und seine Weinberge erreicht, deren Mauern von Feigen- und Pfirsichbäumen eingefaßt waren. Als sie eine Anhöhe erklommen hatten, sahen sie unten vor sich das ganze Seine-Tal mit seinen Äckern, Gärten und Villen.

»Das hier ist ja das gelobte Land Kanaan!« rief Julianus aus, hingerissen von dem herrlichen Bild.

Auf der anderen Seite des Flusses erhob sich der Marsberg mit dem Tempel und mit der Kapelle. Und da, wo der Berghang von der Erde entblößt war, erglänzte hin und wieder der weiße Kalk, und die Flecken sahen aus wie eine unendliche Menge von Zelten, die auf den Abhängen aufgeschlagen waren.

Lange standen die Philosophen da und betrachteten die Aussicht, aber da hörte man plötzlich ein Getöse wie bei einem herannahenden Hagel. Es war jedoch keine Wolke zu sehen, und das Gefolge blieb staunend und lauschend stehen.

Das Getöse nahm noch an Stärke zu und wurde zu Geschrei, Wutgeheul und Waffenklirren.

Nun schien der Marsberg in Bewegung zu geraten; es wimmelte auf der Bergkuppe, und helle Blitze schossen hervor. Wie ein Strom fing das Leuchtende, Bewegliche an, sich den Berg herab in Richtung Stadt zu wälzen.

Da verstanden sie.

»Das sind die Legionen, die einen Aufruhr beginnen!« rief Maximus.

»Das Edikt hat gewirkt!«

»Sie suchen ihren Caesar.«

»So bleibt uns nur übrig, umzukehren und nach Hause zu gehen.«

Die Gesellschaft nahm nun den Weg längs des Flußufers stromaufwärts. Von hier aus konnte man nämlich die Legionen mit den Blicken verfolgen.

Immer gewaltiger stürzte die dunkle Flut mit ihren glitzernden blanken Waffen und Helmen herab.

Da beschleunigten die Wanderer ihre Schritte und erreichten den Palast, in dem eine große Aufregung herrschte.

Von Natur aus war Julianus ein mutiger Mann; aber die Schüchternheit des Gelehrten machte ihn oft scheu, wenn er öffentlich auftreten sollte. Daher ging er durch das Badehaus und suchte seine einsame Kammer auf, um abzuwarten, was weiter geschehen würde. In großer Unruhe ging er in der Kammer auf und ab, als ob sich sein Schicksal fürs ganze Leben nunmehr entscheiden sollte. Dann trat das ein, was er fast schon wußte.

Von der Hofseite hörte man Rufe.

»Ave Caesar Julianus Imperator!« –

»Wir wählen Caesar Julianus zum Kaiser!« –

»Das Diadem dem Julianus!« –

»Tod dem Constantius, dem Mörder und Weichling!« –

Hier bestand kein Zweifel mehr. Die Legionen hatten Julianus zum Kaiser ausgerufen, denn sie wollten dieses gelobte Land nicht verlassen, dessen Eroberung sie soviel Blut gekostet hatte.

Julianus, welcher die Macht nicht erstrebt hatte, weil er die Verantwortung fürchtete, wollte sich widersetzen, doch die Abgesandten des Heeres warnten ihn:

»Du wirst erschlagen werden, wenn du die Wahl nicht annimmst!«

»Wer nicht zu herrschen wagt, der wird unterworfen!«

Auf diese Weise wurde Julianus Kaiser dieses großen Reiches, welches sich vom Schwarzen Meer bis zum Atlantischen Ozean ausdehnte.

Die Nacht, die auf diesen Tag folgte, verbrachte der Kaiser in tiefem Nachdenken; als er sich jedoch am Morgen nach dem Bade seinen Freunden zeigte, war er beinahe nicht wiederzuerkennen. Er hatte im wahrsten Sinne des Wortes eine Maske abgeworfen und zeigte ein neues Gesicht mit einem neuen Ausdruck, fast mit neuen Zügen. Seinem rechtschaffenen Wesen zum Trotz war Julianus gezwungen gewesen, wie Konstantin in beständiger Heuchelei zu leben, indem er diese christliche Lehre, an welche er nicht glaubte, begünstigte und sogar ausübte. Ja, er war sogar genötigt gewesen, sich zu den Glaubenssätzen von der Dreifaltigkeit und der Gottheit Christi zu bekennen, die von dem Konzil zu Nicaea verkündet worden waren, die Gottesdienste zu besuchen und die Fastenzeiten einzuhalten. Nun, da ihm die Macht in seine Hände gelegt worden war, bestand seine erste Handlung darin, seine Freiheit zu nutzen und derjenige zu sein, der er wirklich war.

Seine erste Maßnahme bestand darin, die Schafe von den Böcken abzusondern; er entfernte alle Galiläer aus dem Heer und stellte aus ihnen eigene Legionen zusammen, unter dem Vorwand, die Christen würden dann besser imstande sein, ihre religiösen Bräuche auszuüben. Doch gleichzeitig umgab er seine Person ausschließlich mit Heiden vom alten Schlage: mit Hebräern, Syriern, Persern und Skythen, mit Leuten aller Art, nur nicht mit Christen.

Außerdem legte er den schimmernden Purpur und das Diadem des Imperators an. Er stutzte und vergoldete sich seinen Bart und zeigte sich in der Öffentlichkeit nur noch zu Pferde und mit großem Gefolge.

Sobald er dies erledigt hatte, ging er daran, die Huldigungen des Volkes entgegenzunehmen, und zu diesem Zweck faßte er den Beschluß, das Theater zu verwenden. Er wollte dort die Trilogie des Aeschylos ›Prometheus‹ in Szene setzen lassen, welche damals noch vollständig vorhanden war. Die Schauspieler hatte er selbst mitgebracht, und das Amphitheater stand bereit. Bald hatte sich das Gerücht in der ganzen Stadt verbreitet und war von den Heiden mit Jubel begrüßt worden, während die Christen hierdurch verärgert wurden. Das einfache Volk hatte freilich Gladiatorenkämpfe und eine Tierhatz erwartet, doch war eine ›Komödie‹ ja immerhin auch willkommen!

Dann war der Tag da, und die Stadt war festlich geschmückt. Vom frühen Morgen bis in den Abend hinein sollte das Spiel dauern, ohne Pausen für die Mahlzeiten, und da der Frühling sich kalt und unbeständig gezeigt hatte, waren die Besucher aufgefordert, den Cucullus mitzubringen, ein Kleidungsstück in der Art des römischen Mantels mit Kapuze. Und dies war um so nötiger, als das Theater unter freiem Himmel lag.

Zur festgesetzten Zeit fand sich der Caesar – nunmehr Augustus – im Theater ein, umgeben von seinen Philosophen, die jedoch ihre Plätze in gehörigem Abstand von ihm hatten, denn der Kaiser saß in der Staatsloge, wo er auch den Präfekten, den Aedilen und den Quaestor zu empfangen wünschte.

Daher war er einigermaßen verwundert, als er diese höchsten Beamten der Stadt dort nicht antraf. Da jedoch der Aedil auch dem Schauspiel vorstand, getraute man sich nicht, vor seinem Eintreffen anzufangen.

Das Volk war beim Eintritt des Kaisers aufgestanden, und auf vielen Tribünen hatte man ›Er lebe!‹ gerufen. Doch nun trat ein unbehagliches Schweigen ein, währenddessen man den Caesar mit kühler Neugierde anschaute.

Dieser wurde schließlich des Wartens müde und beorderte seinen Sekretär, den Hebräer Eleazar, zu sich und befahl ihm, zur Präfektur zu gehen, um sich nach der Ursache des Ausbleibens zu erkundigen. Doch gleichzeitig gab er das Zeichen, mit dem Theaterspiel zu beginnen.

Die Schauspieler betraten die Szene, und am Altar brachten

sie das Opfer dar, welches in uralten Tagen stets die Tragödie eingeleitet hatte. Da alle Religionen die blutigen Opfer unterdessen aufgegeben hatten, selbst die jüdische nach der Zerstörung des Tempels unter Titus im Jahre Siebzig nach Christus, so erregte die ungewohnte Handlung erhebliche Neugier. Die Legionäre waren zwar an Blut gewöhnt, doch die Bürger der Stadt und ihre Frauen wandten sich ab, als man den Bock dem Dionysos schlachtete.

Das Motiv dafür, weshalb Julianus trotz allem diese Sitte erneut einführen wollte, glaubte man in seinem preiswürdigen Streben suchen zu sollen, alle Religionen miteinander zu verschmelzen, indem er aus den Zeremonien aller deren tieferen Sinn in den Vordergrund rückte. Das Opfer war ja eine Gabe, eine Art Aufopferung, ein Dankbarkeitsbeweis; doch der Mystiker Maximus hatte den Kaiser auch davon überzeugt, daß im Blut selbst, in dieser Quelle des Lebens, bestimmte Kräfte verborgen seien, die geistige Mächte niederen Ranges an sich zögen. Das Menschenkind vergieße bei der Geburt das Blut seiner Mutter, und auch die heilige Handlung der Beschneidung solle an den blutigen und schmerzhaften Vorgang bei der Geburt erinnern. Auf den Gräbern von Häuptlingen würden deswegen auch Sklaven geschlachtet, und noch unter Julius Caesar hätten die Römer bei einem außerordentlichen Anlaß dreihundert Gefangene geopfert. Von diesen und ähnlichen philosophischen Überlegungen eingenommen, wurde Julianus auf einen Pfad gelockt, der ihn ins Verderben führen sollte.

Nach der Opferzeremonie, über die die Soldaten gespottet und die Frauen geweint hatten, begann das Schauspiel in der ursprünglichen Sprache des Dichters. Zwar wurde Griechisch von allen Gebildeten von Palästina bis Gallien gesprochen, doch die Ungebildeten verstanden es nicht, und daher saßen die Bürger unaufmerksam da.

Eleazar kam zurück, als der Chor gerade zum zweitenmal auftrat, und gab über die Erledigung seines Auftrags folgende Auskunft:

»Das Folgende ist geschehen: der Bischof von Sens, Oberhaupt der gallischen Kirche, ist in die Stadt gekommen und hält soeben eine Messe in der Kirche ab. Hierbei sind auch die hohen Beamten der Stadt zugegen und lassen sich beim Kaiser entschuldigen. Sie hätten auch geglaubt, ihm sei bekannt, daß die Christen nie ein Theater besuchen, und sie berufen sich auf ihre Religionsfreiheit.«

»Gut! Das sollen sie mir büßen! Nun Eleazar, Jude, komm her! Setze dich an meine Seite und plaudere mit mir! Die Schauspieler sind miserabel, und ich kann ihre griechische Aussprache nicht ausstehen!«

Eleazar machte Einwendungen, doch der Kaiser ließ sie nicht gelten und setzte seinen Willen durch.

Es schleppte sich der Vormittag dahin, und als der erste Teil der Trilogie zu Ende war, da sah es so aus, als wollte sich ein Teil des Publikums davonschleichen. Doch die Ausgänge waren zugesperrt, denn man wollte nicht vor leeren Bänken spielen und dem Kaiser nicht Mißachtung erzeigen.

Doch bald wurde der Unmut des Publikums immer größer; man war nämlich müde und hungrig geworden. Außerdem hatte die Aufnahme des Juden in die Loge des Kaisers unangenehme Aufmerksamkeit erregt. Nicht deswegen, weil er ein Jude war, denn der Judenhaß entstand erst später, nach den Kreuzzügen. In den ersten Jahrhunderten verwechselte man die Juden oft mit den Christen. Man sah nämlich die neue, aus dem Lande der Juden kommende Lehre als Fortsetzung der mosaischen Lehre an. Deswegen blickte man also nicht den Juden scheel an. Es waren mehr sein unansehnliches Äußeres und seine niedere Stellung, die Anstoß erregten. Das war eine Herausforderung, vor allem eine gegenüber den Christen, denn der Jude war nun einmal ein Fremder und ein Ungläubiger.

Als im zweiten Teil der Tragödie Prometheus an den Felsen geschmiedet wurde, mußte der Schauspieler wohl an den Gekreuzigten als Vorbild gedacht haben, denn er nahm wirklich dessen Stellung ein: er streckte die Arme aus und ließ den Kopf auf die Brust fallen. Da fing das Volk an, aufmerksam zu werden, und da es weder die Sprache verstand noch sich in der Mythologie auskannte, meinte es, man spiele jetzt das Leiden Christi. Weil solches noch niemals auf dem Theater dargestellt worden war, erregte es unangenehme Aufmerksamkeit, und man fing an, sich halblaut zu unterhalten.

Der Kaiser war darüber wütend, doch er zuckte mit keinem Muskel, aber wenn der ansonsten so ruhige Mann wirklich ärgerlich wurde, verlor er den Verstand. Schweigend saß er da und schmiedete Pläne gegen diese Barbaren, die die Weisheit ihrer Vorfahren vergessen hatten. Nun war die Mittagszeit gekommen, und die Ungeduld zeigte sich immer deutlicher.

Außerdem bedeckte sich der Himmel mit Wolken, und langsam segelten einige Schneeflocken herab wie weiße Federn. Wer einen Mantel mitgebracht hatte, zog ihn über den Kopf. Die Schauspieler schielten zur Loge des Kaisers hinüber, doch der rührte sich nicht, obwohl er kein Dach über dem Kopf hatte. Er war Soldat, da durfte er vor so etwas Geringem wie schlechtem Wetter keinerlei Furcht zeigen.

Nun begann Prometheus der Jo von dem Sohn zu weissagen, welchen sie gebären würde und welcher Zeus stürzen und Prometheus befreien würde. Die Gebildeten, die Christen wie die Heiden, sahen einander bedeutungsvoll an, als Jo rezitierte:

›Was sagest du? Ein Sohn von mir wird dich erretten?‹

Und als jetzt Prometheus erwiderte:

›Der dritte Sproß nach zehn Geschlechtern ist es!‹,

da entstand im Theater ein Gemurmel.

Zehn Geschlechter – das waren rund siebenhundert Jahre. Das reichte gerade bis zur Geburt Christi. Und die Zeitrechnung der Griechen begann mit dem Jahre 763, dem Ende der mythischen Epoche, in der das Stück spielen sollte.

Julianus begriff, daß er Holz zu dem Feuer herbeigetragen und den Christen Vorschub geleistet hatte, ohne daß er es wollte. Aeschylos hatte die Ankunft dieses Christus auf das Jahr genau vorhergesagt, auch daß er Zeus stürzen würde – mehr war für diese rechtgläubigen Athanasier nicht vonnöten, um die Arianer zu zerschmettern, welche die Gottheit Christi bestritten.

Immer dichter und heftiger wurde der Schneefall. Der Caesar

saß da, als habe er ein weißes Leichentuch angetan; er rührte sich indessen nicht, denn er war außer sich vor Zorn gegen sich selbst und gegen die Dämonen, die ihn verleitet hatten, dieses Theaterstück zu wählen; gegen den Himmel, der ihn verhöhnte.

Das ganze Publikum war nun eingeschneit und disputierte über die Gottheit Christi; die kleinen Leute lachten und schimpften.

Die einzigen, welche vor den Launen der Witterung geschützt waren, schienen die Schauspieler zu sein, die unter einem Zeltdach spielten. Da aber der nasse Schnee zu schwer war, bog sich die Leinwand durch und zerriß.

Da stand das ganze Publikum von den Sitzen auf und brach in ein schallendes Gelächter aus; die Schauspieler krochen aus den Schneemassen hervor; die Türen wurden geöffnet, und alles flüchtete, außer dem Caesar und seinen Philosophen.

Sofort nach seiner Ausrufung hatte Julianus einen Abgesandten an den Kaiser in Byzanz geschickt, und nun erwartete er ruhig dessen Antwort.

Unterdessen war die Zeit der Wintersonnenwende und des Jahreswechsels herangerückt. Damals hatten die Christen soeben damit begonnen, Christi Geburt zu feiern, und hierbei bestimmte Bräuche von den römischen Saturnalien übernommen, von dem Fest zu Ehren des Saturn. Julianus, der über den Fehdehandschuh, welchen die Nazarener ihm hingeworfen hatten, äußerst ungehalten war, rüstete sich nunmehr zu Widerstand und Angriff. Jetzt wollte er seine Macht einsetzen, um dem Heidentum das zurückzuerobern, was ihm zukam, und den Christen verdeutlichen, woraus sie ihre Kenntnis von den höchsten Dingen geschöpft hatten. Zugleich aber wollte er auch das Heidentum christianisieren, damit es bei seiner Rückkunft alle für sich gewinnen könnte.

Eines Nachts war der alte Jupitertempel auf der Insel im Strom, der seit langer Zeit schon geschlossen war, wieder geöffnet. Man erblickte Licht im Innern und vernahm das Geräusch von Hämmern und Sägen, von Hacken und Maurerkellen.

Das ging so eine gewisse Zeit, und allerlei Gerüchte darüber gingen in der Stadt um.

In einer Winternacht saß Julianus mit Maximus, Priscus und Eleazar im Opisthodomus, oder dem Priesterraum hinter dem Altar, im Jupitertempel. Der ganze Bau war hell erleuchtet, und man erkannte sogleich den Zweck der vorgenommenen Ausbesserungen. Eine Art Ambo oder Kanzel war an der linken Pfeilerreihe aufgebaut, darunter ein Beichtstuhl; außerdem sah man einen siebenarmigen Leuchter, ein Taufbecken, einen Tisch mit Schaubroten und einen Räucheraltar.

Das war der Versuch des Julianus, mit der neuen Lehre an die alte anzuknüpfen, Heidentum, Judentum und Christentum zu verbinden. Einst hatte Heliogabalus in seiner rohen Art den gleichen Versuch unternommen, indem er die syrische Sonnenanbetung in Rom einführte und zugleich alle Götter der Welt beibehielt, sogar die ägyptischen. Indessen, die Christen wollten nicht mitmachen, und die Juden wollten es auch nicht.

Die Juden liebte Julianus nicht gerade; doch sein Haß auf das Christentum war so groß, daß er lieber diesem halsstarrigen Volk in Palästina helfen wollte, sich gegen das Christentum aufzulehnen. Zu diesem Zweck hatte er den Befehl zum Wiederaufbau des Tempels in Jerusalem gegeben, und das war die Angelegenheit, welche er nun mit seinen Philosophen, Eleazar eingerechnet, behandeln wollte.

»Was also meint ihr«, beendete Julianus seine langen Ausführungen, »zur Wiedererrichtung Hierosolymas? Als erster möge Maximus reden!«

»Caesar Augustus«, erwiderte Maximus, der Mystiker, »Jerusalem ist vertilgt worden von dieser Erde, wie es die Propheten vorausgesagt haben, und sein Tempel kann nicht wiedererrichtet werden!«

»Er kann es nicht? Er wird wiedererrichtet werden!«

»Er kann es nicht! Zwar hat Konstantins Mutter über dem Grab Christi eine Kirche erbauen lassen, doch der Tempel selbst kann sich nicht mehr erheben. Ist nicht seit Salomos Zeiten die Geschichte der Stadt eine Geschichte der Zerstörungen Jerusalems? Sisak, Philister, Araber, Syrer, Joas, Ägypter und Chaldäer haben sie zuerst zerstört. Danach kam Alexander, dann waren es Ptolemaeus und schließlich Antiochus Epiphanes, welcher die Mauern niederreißen und ein Standbild des Jupiter im Tempel errichten ließ. Und nun paß auf: dreiundsechzig Jahre vor Christus wurde Jerusalem von Pompejus erobert. Was ereignete sich im selben Jahr nach Christus im römischen Reich? Denk nach! – Pompeji, die Stadt bei Neapel, die denselben Namen wie jener Eroberer trägt, wurde im Jahre Dreiundsechzig durch ein Erdbeben vernichtet. Das war eine Antwort darauf! So führte der Herr Zebaoth seinen Krieg gegen Zeus-Jupiter!«

»Hör her«, unterbrach ihn Julianus, »deine pythagoräischen Zahlenspekulationen kann ich nicht billigen. Wenn beide Ereignisse im Jahre Dreiundsechzig vor Christus eingetreten wären, dann wäre ich möglicherweise überzeugt worden.«

»Warte es ab, Caesar, und du wirst es sein! Nach der Eroberung durch Pompejus sowie nach der Plünderung durch Cassius baute Herodes der Große Stadt und Tempel wieder auf. Doch kurze Zeit später, im Jahre Siebzig nach Christus, wurde Jerusalem von Titus vollständig vernichtet. Lediglich neun Jahre später fing der Monte Somma an, Feuer zu speien, wie er es niemals zuvor getan hatte, und er vernichtete auf diese Weise Pompeji (und Herculanum) vollständig. Dieses Pompeji und dieses Herculanum – es waren Sodom und Gomorrha, und Vespasianus, welcher vor Titus in Jerusalem gehaust hatte, wurde in Pompeji in einem gesonderten Tempel angebetet, der von der Erdfläche verschwand. Meinst du vielleicht, daß die Christen den Vesuv angezündet hätten, wie Nero es glaubte, daß sie im Jahre Vierundsechzig Rom angesteckt hätten?«

Julianus begann nachdenklich zu werden.

»Neun Jahre lagen dazwischen, aber es sieht merkwürdig aus ...«

»Ja«, fuhr Maximus fort, »doch genau im selben Jahre Siebzig, als Titus den Tempel von Jerusalem vernichtete, brannte auch das Kapitol!«

»Dann sind es also die Götter, welche die Kriege führen, und wir sind nur ihre Soldaten!« rief Julianus aus.

Der Sophist Priscus, der den Wortstreit liebte, beschloß, das Feuer, welches zu erlöschen drohte, aufs neue anzufachen.

»Doch Christus hat gesagt, kein Stein werde auf dem anderen bleiben, niemals werde sich dieser Tempel wieder erheben!«

»Das hat Christus gesagt? Nun, so soll er beweisen, ob er ein Gott war, denn jetzt will ich Salomos Tempel wieder aufbauen!«

Dann wandte er sich an Eleazar:

»Glaubst du an Wahrzeichen, Eleazar?«

»So gewiß, wie der Herr lebt, und so gewiß uns der Gott Abrahams aus der Knechtschaft der Ägypter geführt und uns das Land Kanaan gegeben hat, so gewiß wird er die Verheißung erfüllen und uns das Land, die Stadt und den Tempel wieder schenken!«

»So soll es geschehen, wie du glaubst! Der Tempel soll errichtet werden, wenn auch nicht in drei Tagen, wie der Galiläer glaubte!«

Die Wintersonnenwende war herangekommen, und in Lutetia begannen die Saturnalien. Stets hatten die Heiden dieses Fest als eine Erinnerung an das Goldene Zeitalter der Sage gefeiert, das unter der Herrschaft des guten Saturn gestanden haben soll. Seinerzeit herrschte Frieden auf Erden: der Löwe spielte mit dem Lamm, die Äcker trugen Früchte, ohne daß sie bestellt wurden, und es wurden keine Waffen geschmiedet, denn die Menschen waren gut und rechtschaffen. Dieses schöne Fest, das von den Römern abgeschafft worden war, wurde von den Christen übernommen, welche mit der Ankunft Christi ein neues Goldenes Zeitalter oder das Tausendjährige Reich erwarteten. Doch nun wollte Julianus den Heiden ihr Vorrecht zurückgeben und im gleichen Zuge den Nazarenern darlegen, woher sie ihre religiösen Bräuche genommen hatten.

Nach alter heidnischer Sitte wurde das Fest mit der Ausrufung des Feiertags eingeleitet. Die Läden waren geschlossen; festlich war die Stadt geschmückt, als man am Morgen eine Prozession aus der Basilika heraustreten und sich zum Markt hin bewegen sah. An der Spitze schritt König Saturn mit einem Füllhorn, mit Korngarben und Tauben; ihm folgten die Tugenden, die Fortuna, der Reichtum, der Frieden und die Gerechtigkeit. Dann kam ein Schauspieler, der sich als Caesar verkleidet hatte und an der Hand einen Gefangenen führte, welchen man zu Ehren des Tages von seinen Ketten befreit hatte. Dann folgten Herren Arm in Arm mit ihren Sklaven, dann Frauen und Kinder, die aus Garben Korn für die Spatzen auf die Straße schütteten.

Die Prozession zog durch die Straßen der Stadt und weckte zunächst wohlwollende Aufmerksamkeit.

Dann begab man sich in den Tempel, wo in der Apsis die Statue eines Zeus oder Jupiter errichtet war. So geschickt hatte man sie modelliert, daß man sie auch für Gottvater, den Schöpfer, halten konnte, oder für Moses, dessen Bild man in jener Zeit darzustellen begann. Neben dieser Statue stand etwas darunter Orpheus als der Gute Hirte, der ein Lamm auf seinen Schultern trug, und auf dem Sockel war als Relief sein Abstieg in den Hades zu sehen, aus welchem er mit Dike, der Göttin der Gerechtigkeit, zurückkehrte. Diesen Namen hatte man aus dem Namen seiner Gattin, Eurydike, abgeleitet. Und das bezog sich direkt auf die Christen.

Vor dem Götterbild stand der jüdische Schaubrote-Tisch mit Brot und Wein als eine Erinnerung an den Brauch, von welchem die Christen die Eucharistie oder das Meßopfer entlehnt hatten. Als sei es ein Zufall, wurde ein Heidenkind hereingetragen und in dem Becken getauft. Als jemand, dem man diese Rolle einstudiert hatte, die Frage stellte, ob Heiden getauft würden, erwiderte ein anderer, der ebenfalls seine Rolle spielte, die Vorfahren hätten stets den Brauch gehabt, die neugeborenen Kinder zu waschen.

Das Ganze war ein Theaterstück, das von Julianus inszeniert war. Jetzt stieg Maximus auf die Kanzel und gab nach Art der neoplatonischen Philosophie Erläuterungen zu allen Bildern, Symbolen und Bräuchen. Er bewies sogar, daß die Heiden niemals mehr als einen Gott angebetet hätten, dessen mannigfache Eigenschaften sie lediglich in unterschiedlichen Verkörperungen zum Ausdruck brächten. Dann schien er gleichsam die Gottheit Christ, seine wunderbare Geburt und seine Wundertaten zu verteidigen. Alle seien wir ja göttlicher Abkunft, weil Gott uns erschaffen hätte und wir alle seine Kinder wären. Die Geburt dieses Christus ohne einen Vater sei keineswegs so merkwürdig, zumal auch der Philosoph Platon von einer Jungfrau geboren worden sei und keinen Vater habe. Hier flocht er in seine Predigt den folgenden Ausruf ein:

»Wunderbare Werke! Wieso sollen wir nicht an Wunderwerke glauben, wenn wir doch an einen allmächtigen Gott glauben? Daß er allmächtig ist, bedeutet ja gerade, daß er die Naturgesetze, welche er selbst begründet hat, aufheben kann. Derjenige, welcher also nicht an wunderbare Dinge glaubt, ist demzufolge ein Esel!«

Die Predigt wurde von Heiden wie von Christen angehört. Den Christen kam es so vor, sie hätten ihre schwer begreifbaren Lehren noch niemals so klar beweisen hören, und den Heiden wurde in aller Deutlichkeit gesagt, daß sie mit den Christen eins wären.

»Was steht also zwischen uns?« rief Maximus aus, hingerissen von der Einträchtigkeit und dem Einverständnis, welche nun im Tempel herrschten. »Haben wir nicht alle *einen* Vater, hat uns nicht allesamt *ein* Gott erschaffen? Warum streitet ihr also, der eine mit dem anderen? Haben wir heute nicht die Erinnerung an jene besseren Zeiten gefeiert, die einstmals existiert haben und die gewiß wiederkehren werden – so gewiß, wie das Licht mit der Rückkunft der Sonne wiederkehrt? Es sind die Zeiten der Versöhnung und des Friedens auf Erden, als niemand Herr und niemand Knecht war. Hier gibt es keine Juden, keine Griechen, keine Barbaren! Hier sind wir allesamt nur Brüder und Schwestern eines Glaubens! Daher liebet einander, versöhnt euch mit Gott und euren Mitmenschen, schenket euch den Friedenskuß, freuet euch, bessert euch! Seid einträchtig, und der Gott des Friedens und der Liebe wird mit euch sein!«

Die Versammlung geriet in Verzückung, und mit Tränen in den Augen fiel man einander in die Arme, drückte sich die Hände und gab sich Wangenküsse.

Nun wurden plötzlich rund um den Altar Reihen von Lichtern angesteckt; das gehörte zum Zeremoniell der Saturnalien und symbolisierte die Rückkunft der Sonne. Es war ein Brauch, den die Christen übernahmen, als sie die Geburt Christi und das Weihnachtsfest feierten.

Sodann wurden Bettler hereingeführt, und Herren wuschen ihnen die Füße. Danach setzte man zwölf Sklaven an einen gedeckten Tisch, und die Besitzer dieser Sklaven mußten sie bedienen.

Julianus, welcher sich im Opisthodomus versteckt hatte und von dort her die ganze Feier mit angesehen hatte, jubelte innerlich, denn mit diesen uralten heidnischen Zeremonien hatte er die Christen vernichtend getroffen. Auch hier gab es also Menschenliebe und Barmherzigkeit, und es hatte sie zu allen Zeiten gegeben! Genau das hatte er ausdrücken wollen, ohne es in Worten ausdrücken zu müssen.

Zuletzt wurden noch Kinder hereingeführt, und sie bekamen als Geschenke Puppen aus Wachs oder Ton.

Die Illusion schien vollständig, und die Christen waren wie verzaubert.

»Diese Heiden sind ja auch Christen!« riefen sie aus. »Warum streiten und zanken wir, wenn wir doch einig sind?«

Die Gefühle wogten hin und her, und der Erfolg war vollkommen. Das war der Sieg des ersten Tages, und als die Christen am folgenden Tag ihr Weihnachtsfest begehen wollten, da konnte es nur als eine Kopie dieses heidnischen Festes wirken.

Sieben Tage lang dauerten die Saturnalien, und Julianus, vom Erfolg berauscht, entschloß sich nun, den ganzen alten Kult mit all seiner grauenvollen Majestät ans Licht zu ziehen.

Zwar warnten ihn seine Philosophen, doch er hörte nicht länger auf sie. Nun wollte er seine Hekatombe haben: hundert geschmückte Stiere sollten auf dem Feld vor dem Jupitertempel als Opfer für die alten Götter abgeschlachtet werden!

»Er ist irrsinnig!« klagte Eleazar.

»Wen die Götter vernichten wollen, den schlagen sie mit Blindheit!«

»Jetzt reißt er all das ein, was er aufgebaut hat!«

Es wäre schwierig zu erklären, wieso der hochgebildete, talentvolle und schönheitsliebende Julianus auf den irrsinnigen Gedanken verfallen konnte, diese blutigen Opferungen wieder einzuführen. Das war ja ein Abschlachten oder eine Hinrichtung, und in der Gesellschaft genossen weder der Schlächter noch der Henker irgendwelche Achtung. Man muß wohl annehmen, daß der Haß auf diesen Christus ihm den Verstand gelähmt hatte, als er in der Tracht des Opferpriesters den ersten Stier heranführte, welcher vergoldete Hörner hatte und eine weiße Schleife trug.

Nachdem er den Weihrauch auf dem Altar angezündet hatte, schüttete er eine Schale Wein über dem Kopf des Stieres aus, stieß ihm das Messer in die Kehle und drehte es um.

Ein Schauer des Entsetzens ging durch die Menschenmasse, die aber wie festgenagelt auf ihrem Platz blieb.

Doch als das Blut umherspritzte und der Kaiser den zuckenden Tierkörper öffnete, um dessen Eingeweide zu beschauen, da erhob sich ein Geschrei, das sich zum Geheul steigerte, und alle entflohen.

»Apostata!« hörte man nun zum erstenmal rufen.

Das war die Niederlage. Und als die Tiere von ihren Bewachern freigelassen wurden, ergriffen sie die Flucht und rasten durch die Straßen der Stadt.

Der Kaiser mußte in seinem weißen blutbefleckten Gewand allein nach seinem Palast zurückgehen. Die Heiden wie auch die Christen bezeigten ihm ihre Abscheu.

»Seht den Schlächter!« schrie man.

»Apostata! Abtrünniger!«

»Dieser Wahnsinnige!«

Als Julianus nach Hause zurückgekehrt war, schien er zu Stein geworden zu sein; doch noch bevor er seine Kleider wechselte, setzte er sich an den Tisch und verfaßte ein Edikt gegen die Christen, worin er ihnen untersagte, ein Studium zu beginnen oder Ämter im Staatsdienst zu bekleiden.

Das war der erste Schritt.

Am Abend desselben Tages erhielt er einen Brief. Er war von

Kaiser Constantius aus Byzanz, der seine Wahl nicht anerkannte, sondern ihm drohte, er werde ihm mit einem verbündeten Heer in Gallien gegenübertreten.

Das kam ganz unerwartet. Und Julianus verließ Lutetia und zog unter Waffen seinem Vetter entgegen. Und als er nun ostwärts zog, da war es ihm, als gehe er in den Tod. Doch zunächst fielen die Würfel des Glücks günstig für ihn: unterwegs starb Constantius, und so wurde Julianus Alleinherrscher.

Er nahm dies als ein Zeichen, daß die Götter ihm gewogen seien, und in dem Gefühl, daß die höheren Gewalten auf seiner Seite stünden, begann er seine Kriegszüge.

Doch es war nur ein allerletztes Spiel, welches seine Götter mit ihm spielten. Erzählt wird, daß er vor seinem Kriegszug gegen die Perser sein Schicksal habe erforschen wollen, und aus diesem Grunde habe er den Körper einer Frau aufgeschnitten, um in den Eingeweiden seine Zukunft zu lesen. Das braucht nicht wahr zu sein, ebensowenig wie die unterschiedlichen Darstellungen von seinem Tod, der bald darauf eintrat. Doch sicher ist das eine: der Galiläer siegte über Zeus, welcher sich niemals mehr erhob.

Sicher ist ebenfalls – und von christlichen, jüdischen und heidnischen Schriftstellern bestätigt –, daß der Tempel in Jerusalem niemals mehr aufgebaut wurde, denn als das Fundament dazu gelegt werden sollte, brach Feuer aus der Erde hervor, und dies geschah in Zusammenhang mit einem Erdbeben.

Dasselbe Erdbeben zerstörte auch Delphi, den ›Mittelpunkt der Welt‹ und das Zentrum des religiösen und politischen Lebens von Hellas.

ATTILA

Seit Konstantin dem Großen hatten Hellas, Rom und Palästina aufgehört zu existieren, und die Kultur hatte sich nach Osten verlagert, denn Konstantinopel war die Hauptstadt Europas. Und von Osten her wurden Rom, Spanien, Gallien und Germanien unter verschiedenen Namen durch Satrapen regiert. Es sah so aus, als sei Europa verblüht, als sei Rom endgültig zu Grabe gegangen. Doch es sah nur so aus. Die Historie ging nicht schnurgerade vorwärts, sondern sie nahm Umwege, und daher wirkte es so, als sei die Entwicklung auf Abwege geraten, als sei sie in die Irre gegangen. Das war sie aber nicht. Das Christentum, das sich nun nach Westen ausbreitete, stammte ja aus dem Osten, und daher bildete das alte Byzanz nur eine Übergangsstation. In Rom, welches man seinem Schicksal überlassen hatte, da die Satrapen in Mailand und Ravenna residierten, begann eine neue Weltmacht aufzukeimen. Es war eine geistige Macht, die in aller Stille eine neue Kaiserkrone schmiedete, um sie, wenn die Zeit herangereift war, dem Würdigsten zu überlassen. Und derjenige, der das Erbe antreten sollte, war ja von Tacitus vorhergesagt worden: ein neues Volk aus dem Norden, gesund, ehrlich und gutmütig. Das waren die Germanen, die tausend Jahre lang im Besitz der Kaiserkrone bleiben sollten: vom Jahre 800 bis 1815. Bereits zu Beginn des 5. Jahrhunderts hatten ja die Westgoten Rom in ihre Gewalt gebracht, sich jedoch wieder zurückgezogen. Andere germanische Stämme hatten Gallien, Spanien und Britannien überschwemmt, doch kein Stamm hatte in Italien Wurzeln geschlagen.

Da betrat ein noch jüngeres Volk den Schauplatz der Geschichte, über dessen Herkunft man nichts wußte. Und mit diesem schien die Verheißung von Kanaan, die den Germanen gegeben worden war, zurückgenommen zu sein: denn die Hunnen saßen zu guter Letzt in Ungarn und nahmen Tribut von allen Völkern Europas. Um ein hölzernes Schloß mit einigen Baracken am Fluß Theiß waren Griechen, Römer, Byzantiner und allerhand Germanen versammelt, um einen Thron, auf dem ein Wilder saß, der einem Fleischklumpen glich.

Dieser König wollte im Jahre 453 nach mancherlei Schicksalen eine seiner vielen Hochzeiten halten, und er hatte die Großen und Herren aus ganz Europa herbeigerufen, denn ein Fürst bittet nicht. Und sie kamen zu Pferde, von Norden und Süden, von Osten und Westen.

Aber aus dem Westen, am Donauufer entlang, unterhalb des Knies, an welchem heute Gran liegt, kamen zwei Männer an der Spitze einer Karawane geritten. Seit mehreren Tagen bereits waren sie dem grünen Ufer des Flusses gefolgt, mit seinen lieblichen, von Schwärmen von Enten und Reihern bevölkerten Stränden, die von Schilf und Erlen umsäumt wurden. Nun mußten sie den kühlen Schatten der Waldregion verlassen und sich nach Osten der Salzsteppe zuwenden, welche sich bis zur gelben Theiß erstreckte.

Der eine Anführer der Truppe war ein Römer; er hieß Orestes und war überall bekannt und berühmt; der andere war ein Rugier; er stammte von den Küsten der Ostsee und hieß Edeko; er war ein Fürst und gezwungen worden, Attila zu folgen.

Nur wenig hatten die beiden großen Herrn bisher gesprochen, denn sie mißtrauten einander. Doch als sie auf die weite Steppe hinauskamen, die sich klar, licht und offen wie eine Meeresfläche vor ihnen ausbreitete, da schien es in ihnen selbst hell zu werden, und sie überwanden alles Mißtrauen.

»Warum reist du zur Hochzeit?« fragte Orestes.

»Weil ich nicht fernzubleiben wage«, erwiderte Edeko.

»So wie ich!«

»Und die Braut? Die Burgunderin hat es auch nicht gewagt, nein zu sagen.«

»Die? Doch, die hätte es gewagt!«

»Dann sollte sie diesen Wilden tatsächlich lieben?«

»Das habe ich nicht gesagt.«

»Möglicherweise haßt sie ihn dann? Eine neue Judith für diesen Holofernes?«

»Wer weiß? Die Burgunder lieben den Hunnen nicht nach seinem letzten Raubzug in Burgund, bei dem er Worms zerstörte.«

»Jedenfalls, es ist ganz unbegreiflich, daß er sich nach der Niederlage auf den Katalaunischen Feldern erneut so erholt hat.«

»Unbegreiflich ist alles, was mit diesem Menschen zusammenhängt, sofern man ihn überhaupt einen Menschen nennen kann!«

»Du sagst es! Er soll die Nachfolge seines Onkels Rua angetreten haben, von dem wir nichts wissen. Seinen Bruder Bleda hat er ermordet. Zwanzig Jahre lang haben wir ihn über uns gehabt wie eine eiserne Zuchtrute; doch als er vor kurzem vor Rom stand, da ist er wieder umgekehrt.«

»Seinen Kriegern aber hat er versprechen müssen, daß er ihnen Rom noch einmal preisgeben wird.«

»Wieso hat er Rom verschont?«

»Das weiß man nicht recht! Man weiß nichts über diesen Menschen, und er selbst scheint auch über seine eigene Person nichts zu wissen. Er erklärt, er sei aus dem Osten gekommen; das ist alles! Das Volk sagt, daß die Hunnen in den Wüsten von Hexen und Dämonen gezeugt worden seien. Fragt man Attila, was er will und was er ist, so erwidert er: ›Gottes Geißel!‹ Er gründet kein Reich, er baut keine Stadt, aber er herrscht über alle Reiche und zerstört alle Städte.«

»Um noch mal von seiner Braut zu reden – sie heißt Ildico, also ist sie eine Christin?«

»Jawohl, doch was schert das Attila? Der hat ja keine Religion.«

»Aber an irgend etwas muß er doch glauben, wenn er sich Gottes Geißel nennt und behauptet, er habe das Schwert des Kriegsgottes gefunden.«

»Schon, aber die Formen des Glaubens sind ihm völlig gleichgültig. Sein erster Minister Onegesius ist Grieche und Christ ...«

»Schauen wir uns den seltsamen Kerl mal an, der – statt in Byzanz oder Rom zu sitzen – sich hier in der Steppe niedergelassen hat!«

»Das soll mit der Ähnlichkeit dieses Landes mit den riesigen Ebenen des Fernen Ostens zu tun haben: derselbe Boden, die gleichen Vögel und Kräuter; er fühlt sich hier eben zu Hause.«

Sie verstummten, denn nun stieg die Sonne höher, und die Hitze nahm zu. Die niedrigen Tamarisken, die Wermut- und Natronpflanzen spendeten keinen Schatten. Die Steppenhühner und Feldlerchen waren die einzigen Lebewesen, welche man in dieser Wüste zu sehen bekam. Die Rinder-, Ziegen- und Schweineherden waren verschwunden, denn Attilas halbe Million Soldaten hatte sie aufgefressen, und ihre Pferdchen hatten jeden eßbaren Grashalm abgeweidet.

Ganz plötzlich, um die Mittagszeit, blieb die Karawane stehen, denn im Osten erschien – am Ufer eines blauen Sees – eine Stadt mit Zinnen und Türmen.

»Sind wir da?« erkundigte sich Edeko.

»Unmöglich, wir haben ja noch zwanzig Meilen vor uns, das sind drei Tagereisen!«

Doch die Stadt war dort zu erblicken, und die Karawane beschleunigte das Tempo.

Nach einer halben Stunde war man der Stadt nicht näher gekommen. Im Gegenteil, sie schien sich immer mehr zu entfernen, kleiner zu werden und hinter dem Horizont zu versinken.

Nach einer weiteren halben Stunde war die Stadt verschwunden, und auch der blaue See war nicht mehr zu sehen.

»Zauberkünste kennen sie«, meinte der Römer, »doch dies hier übersteigt ja alles!«

»Das ist nur eine Fata Morgana, eine Luftspiegelung«, erläuterte der Mann, der ihnen den Weg zeigte.

Als der Abend hereinbrach, machte die Karawane halt, um über Nacht zu ruhen.

Auf dem Landstreifen, wo der Fluß Bodrog in die Theiß einmündet, hatte Attila sein Standlager, denn Stadt konnte man es nicht nennen. Der Palast war aus lackiertem Holz, und er leuchtete in grellen Farben. Er ähnelte einem riesigen Zelt, dessen Stil wahrscheinlich aus Sina, dem Seidenland, entlehnt war. Das Frauenhaus, welches dicht daneben errichtet war, hatte eine gänzlich andere Form, die aus dem Norden von den Goten stammen konnte, oder auch aus Byzanz, denn der Bau war mit hölzernen Rundbögen verziert.

Die Einrichtung schien aus allen Ländern und von allen Völkern zusammengeraubt zu sein: da war viel Gold und Silber, da gab es seidene und samtene Vorhänge, römische Möbel, griechische Gefäße, gallische Waffen, gotische Gewebe. Wie in der Wohnung eines Räubers sah es aus, und es war ja auch so.

Außerhalb des Palisadenzauns des Palastes erstreckte sich das Lager mit seinen verräucherten Zelten. Eine Ansammlung von Roßtäuschern und Pferdedieben wimmelte in den Straßen, auf denen es ebenso viele Pferde wie Menschen gab.

Weiter draußen weideten Herden von Rindern, Ziegen, Schafen und Schweinen, der lebende Proviant für diese riesige Horde, die lediglich verzehren und zerstören, jedoch nichts hervorbringen konnte.

Jetzt, am Morgen des Hochzeitstags, waren hier in diesem Lager Tausende von kleinen Menschen mit krummen Beinen und breiten Schultern unterwegs, in Rattenfelle gekleidet und die Waden mit Lumpen umwickelt. Voll Neugier schauten sie aus ihren Zelten auf die Fremden, die als Hochzeitsgäste aus fernen Ländern herbeigeritten kamen.

Aus der ersten Zeltreihe trat der Thronfolger, Attilas Sohn Ellak, den vornehmen Gästen entgegen; mit Hilfe eines Dolmetschers hieß er die Fremden willkommen und geleitete sie in das Gästehaus.

»Ist das ein Prinz? Und sind dies Menschen?« sprach Orestes zu Edeko.

»Das ist ein Roßtäuscher, und die da drüben sind Ratten«, erwiderte Edeko.

»Larven oder Lemuren, Vampire, geschaffen in einem Alptraum aus den Phantasien eines Betrunkenen! Sie haben ja keine Gesichter! Die Augen sind Löcher, der Mund ist ein Schlitz, die Nase gleicht der eines Totenschädels, und die Ohren sind wie Topfhenkel.«

»Wahrhaftig! Und vor diesen Halbnackten, die ohne Panzer und Schilde in die Schlacht zogen, sind die römischen Legionen geflohen! Zauberer sind es, die sich unverwundbar machen können!«

»Die da werden die Welt nicht erobern!«

»Zumindest nicht in diesem Jahr!«

Solches redend folgten sie dem Prinzen Ellak, der jedes Wort gehört und verstanden hatte, obgleich er so tat, als kenne er ihre Sprache nicht.

Droben im Frauenhaus saß die Favoritin Cercas und nähte am Brautschleier. Ildico, die schöne Burgunderin, stand am Dachfenster, in Gedanken versunken und geistesabwesend. In Worms hatte sie den Helden gesehen, vor welchem die Welt zitterte, und das majestätische Wesen dieses kleinen Mannes hatte sie wirklich verhext. Da sie selbst herrschsüchtig und eigenwillig war, hatte sie die Aussicht verlockt, die Macht mit dem Mann zu teilen, vor dem alles und alle sich beugten, und daher hatte sie ihm ihre Hand gegeben.

Allerdings hatte sie keinen rechten Begriff von den Sitten und Gebräuchen dieses fremden Volkes gehabt, und deshalb hatte sie sich ihre Stellung als Gattin und Königin ganz anders vorgestellt. Erst heute, an diesem Morgen, hatte sie erfahren, daß sie beim Hochzeitsfest überhaupt nicht erscheinen dürfe, daß sie den Thron nicht teilen dürfe, sondern daß sie im Frauenhaus ganz einfach eingesperrt werde, zusammen mit den anderen Frauen des Herrschers.

Cercas, die Favoritin, hatte ihre Rivalin voller Schadenfreude über all das aufgeklärt, und die stolze Ildico war nun im Begriff, einen Entschluß zu fassen. Freunde hatte sie in diesem Palast nicht, und sich den fremden Fürsten zu nähern war unmöglich.

Cercas nähte und sang dabei eine wehmütige Weise aus ihrer Heimat im Fernen Osten:

»Der Tiger schleicht zur Löwenspur,
Dalai-Nor,
Dalai-Nor,
Auf der Steppe, meiner Flur.
Urgan, Khalgan, Kosso-gal,
Klaun aus Kupfer, Zähn von Stahl.
Siddi Khur,
Siddi Khur,
Hat er dich in seinem Bau,
Bleibst du immer seine Frau,
Siddi Khur!«

Ildico schien ihre Gedanken geordnet zu haben.

»Darf ich mir von dir eine Nadel leihen?« fragte sie. »Ich möchte nähen.«

Sie bekam eine Nadel, doch die war ihr zu klein. Daher verlangte sie eine größere und wählte dann die allergrößte. Aber sie steckte sie in ihren Busen und nähte nicht.

Nun zeigte sich an der Tür ein Wesen, das so verabscheuenswert häßlich und von so boshaftem Aussehen war, daß Ildico glaubte, es wäre ein Dämon. Kohlschwarz war er wie ein Lybier aus dem heißen Afrika, und sein Kopf saß unmittelbar auf dem Magen, denn eine Brust fehlte ihm. Es war ein buckliger Zwerg mit Namen Hamilcar, welcher bei Attila als Hofnarr diente. Damals war ein Narr noch kein witziger Kopf, sondern ein naiver Blödian, der alles glaubte, was man ihm sagte. Daher wurde mit ihm aller möglicher Schabernack getrieben.

Er steckte Cercas nur einen Brief in die Hand und war wieder verschwunden.

Als Cercas den Brief gelesen hatte, wechselte ihr Gesicht die Farbe, und sie wurde eine ganz andere. Von Wut erfaßt, konnte sie zunächst nicht sprechen, sondern bloß singen:

»Der Tiger schleicht zur Löwenspur ...«

Schließlich rief sie:

»Ildico, du hast eine Freundin bekommen! Du hast eine Freundin hier in diesem Gemach, hier bei diesem Fenster, hier an deinem Herzen!«

Dann warf sie sich dem burgundischen Mädchen an die Brust und weinte und lachte abwechselnd.

»Gib mir nun deine Nadel, deine große, schöne Nadel! Ich will sie einfädeln, nein, ich will sie an meinem Stahl wetzen, nein, ich will sie in mein Nadelkissen stecken, nein, ich will sie in mein Riechfläschchen tauchen, in mein kleines, wunderschönes Riechfläschchen, und dann wollen wir dem Tiger zusammen das Maul zunähen, so daß er niemals mehr beißen kann! Siddi Khur! Siddi Khur!«

»Laß mich deinen Brief lesen!« unterbrach Ildico sie.

»Das kannst du nicht! Doch ich will dir sagen, was darin steht: Er, unser Herrscher, möchte wieder heiraten, und zwar Honoria, die Tochter des Kaisers Valens, gerade zur Weihnachtszeit, nach der griechischen Zeitrechnung. Und diesmal hat er gelobt, uns alle miteinander zu verbrennen, hier drinnen zu verbrennen! Das nennt er ein ehrenvolles Begräbnis!«

Zur Antwort reichte ihr Ildico ihre Hand.

»In dieser Nacht also! Und durch einen einzigen Nadelstich soll die Welt ihren Herrscher verlieren!«

Edeko und Orestes hatten sich in der Herberge aufgehalten, um sich von der Reise zu erholen. Doch als sie um die Mittagszeit nach draußen wollten, fanden sie die Tür versperrt.

»Sind wir Gefangene? Sind wir in einen Hinterhalt geraten?« fragte der Römer.

»Und zu essen haben wir auch nichts bekommen«, erwiderte Edeko.

Von draußen waren zwei Stimmen zu vernehmen:

»Wir sollten sie erdrosseln, das ist wohl das einfachste!«

»Ich meine, wir stecken das Haus in Brand! Der Lange ist stark!«

»Und die haben geglaubt, daß wir ihre Sprache nicht verstehen!«

Die beiden Männer, die im Haus eingeschlossen waren, gerieten in Bestürzung und glaubten, ihr Ende sei gekommen. Sie hatten kein reines Gewissen.

Da öffnete sich an der Wand eine Luke, und in ihr zeigte sich das schreckliche Gesicht des Narren Hamilcar.

»Ob du nun der Teufel bist oder nicht, aber beantworte unsere Fragen!« schrie der Römer.

»Fragt nur, ihr Herren!«

»Sind wir Gefangene? Und wieso bekommen wir euren König nicht zu Gesicht?«

Da erschien der Kopf des Prinzen Ellak in der Luke:

»Der König wird erst beim Gastmahl am heutigen Abend zu sehen sein«, sagte der Prinz mit boshaftem Grinsen.

»Sollen wir bis dahin hungern?«

»Wir bezeichnen es als Fasten, und wir tun es stets vor einem Gastmahl, damit wir dann um so mehr fressen können!«

»Und dürfen wir hier heraus?«

»Nein«, erwiderte der Prinz mit dem Roßtäuschergesicht, »denn man muß sich den Gebräuchen des Landes anpassen.«

Und nach dieser Auskunft wurde die Luke wieder zugeschlagen.

»Meinst du, daß wir mit dem Leben davonkommen?« fragte Edeko.

»Wer weiß! Attila besteht aus lauter Falschheit. Weißt du nicht, daß er einmal zwei Briefe geschrieben hat: den einen an Dietrich, den König der Ostgoten, welchem er ein Bündnis gegen die Römer, ihren gemeinsamen Feind, antrug; am selben Tag schrieb er den gleichen Brief an die Römer wegen eines Bündnisses gegen die Ostgoten. Aber der Betrug wurde entdeckt, und Attila hatte sich zwischen zwei Stühle gesetzt.«

»Unsterblich scheint er zu sein, sonst wäre er doch wohl schon einmal im Kampf getroffen worden, denn er reitet ja immer an der Spitze!«

Bis zum Abend blieben die beiden Reisegefährten eingesperrt. Dann wurde endlich die Tür geöffnet, und ein Zeremonienmeister geleitete sie in die große Halle, wo das Mahl stattfinden sollte.

In dem großen Saal waren unzählige Bänke und Tische aufgestellt, die mit den kostbarsten Geweben bedeckt und mit Trinkgefäßen aus Gold und Silber bestückt waren. Die Gäste waren versammelt, doch unsere Reisenden sahen unter ihnen keine bekannten Gesichter, und vergebens hielten sie nach dem Bräutigam oder der Braut Ausschau. Als man ihnen ihre Plätze zugewiesen hatte, erhob sich unter den Gästen allmählich ein Gemurmel. Man redete halblaut und bemühte sich zu erraten, wo sich der Großkönig zeigen werde.

Mit den Augen suchten Orestes und Edeko die Decke und die Wände ab, ohne feststellen zu können, wo das Wunder sich ereignen könnte, denn diese kindlichen und hinterlistigen Männer pflegten die Gäste mit Überraschungen und spaßhaften Possenspielen zu ergötzen.

Auf einmal erhob sich die ganze Versammlung von den Plätzen. Von der Wand im Hintergrund hatte man den Vorhang gezogen, und auf einem Podest saß ein kleiner, unscheinbarer Mensch allein hinter einem Tisch, neben dem ein Ruhesofa stand. Ein Holzbecher befand sich auf dem Tisch.

Ganz unbeweglich saß der Mann da, nicht einmal seine Augenlider schienen sich zu bewegen.

Neben ihm, etwas weiter unten, stand sein Minister, der Grieche Onegesius. Unverwandt richtete er seine Blicke auf den Herrscher, und es sah so aus, als könne er ihm die Befehle von den Augen ablesen.

Nun gab der Minister ein Zeichen, und die Gäste nahmen Platz.

Attila verharrte wie zuvor in seiner sitzenden Stellung: die Beine gekreuzt, die rechte Hand auf dem Tisch. Er grüßte niemanden, und er erwiderte auch keinen Gruß.

»Er sieht uns nicht. Er zeigt sich bloß!« flüsterte Orestes.

»Er sieht uns sehr wohl!«

Onegesius, der einen Befehl von den Augen des Herrschers abgelesen hatte, hob seinen Stab. Da trat ein Sänger mit einem Instrument nach vorn, welches etwas von einer Harfe und etwas von einer Trommel an sich hatte. Indem er gleichzeitig die Saiten anschlug und das Trommelfell bearbeitete, ertönte seine Weise.

Das Lied handelte von allen Großtaten Attilas, in starken Farben vorgetragen. Es hätte überhaupt kein Ende gefunden, wenn die Versammelten schließlich nicht den Refrain mitgesungen hätten, wobei sie zur Begleitung mit ihren kurzen Schwertern auf die Tische schlugen. Die Niederlage auf den Katalaunischen Feldern schilderte der Sänger als eine ehrenreiche, aber unentschiedene Schlacht.

Als die Fremden längere Zeit den unbedeutend aussehenden Helden in seiner einfachen braunen Kleidung aus Leder betrachtet hatten, wurden sie von der gleichen unwiderstehlichen Achtung erfaßt, die alle empfanden, welche ihn zu sehen bekamen.

Mehr als Eitelkeit steckte in dieser selbstbewußten Ruhe, in dieser deutlichen Verachtung allem und allen gegenüber. Seine Gäste konnten stets nur sein Profil sehen, und keinen würdigte er eines Blickes, mit Ausnahme des Ministers.

Als der Preisgesang zu Ende war, hob Attila seinen Becher und nippte daran, ohne jedoch jemandem zuzutrinken.

Trotzdem war dies das Zeichen für den Beginn des Trinkgelages, und nun floß der Wein in die goldenen und silbernen Becher, welche jedesmal auf einen Zug ausgetrunken werden mußten. Der Herrscher, der selbst nüchtern blieb, fand Vergnügen daran, seine Umgebung betrunken zu sehen.

Als das Trinkgelage eine Weile im Gange war, trat der Neger Hamilcar vor und begann mit seinem Gaukelspiel.

Da erhob sich der Großkönig, drehte den Versammelten zunächst den Rücken zu und legte sich dann auf das Ruhesofa. Aber in jeder seiner Bewegungen lag Majestät, und als er so meditierend dalag, die Knie an den Leib gezogen und den Nakken auf die verschränkten Hände gestützt, flößte er noch mehr Ehrfurcht ein. Die Augen hatte er auf die Decke gerichtet.

»Doch wo ist die Braut, wo die Hochzeit?« fragte Orestes einen der hunnischen Gäste.

Dieser erwiderte:

»Man redet bei uns nicht von seinen Frauen, wie sollte man sie da vorzeigen?«

Das Gelage setzte sich fort. Doch es wurde lediglich getrunken. Speisen gab es keine. Mitunter sang die ganze Versammlung und klopfte auf den Tischen den Takt.

Mitten beim Zechen und Lärmen füllte sich plötzlich der Saal

mit Rauch, und es schien so, als stehe der ganze Bau in hellen Flammen. Alles sprang auf, brüllte und versuchte zu flüchten. Da schlug der Minister mit seinem Stock auf den Tisch, und die Versammlung brach in Gelächter aus.

Es war nur ein Hochzeitsscherz gewesen; man hatte draußen nur ein paar Fuder Stroh in Brand gesetzt.

Als wieder Ruhe eingekehrt war, befand sich Attila schon nicht mehr im Saal, den er durch eine verborgene Tür verlassen hatte.

Und nun begann das große Gastmahl, welches bis zum andern Morgen dauerte.

Als die Sonne aufging, saß Orestes noch immer mit einem Avarenfürsten beim Becher. Unbeschreiblich sah der Saal jetzt aus, und die meisten Gäste tanzten draußen um die Feuer herum.

»Das war mir ja eine Hochzeit!« sagte Orestes. »Die werde ich so schnell nicht wieder vergessen. Aber so gern hätte ich mit dem bemerkenswerten Mann geredet! Kann man das nicht erreichen?«

»Nein«, antwortete der Avare, »er redet nicht unnötigerweise. Wozu sollte es gut sein, dazustehen und sich gegenseitig zu belügen? – Er ist ein weiser Mann, nicht ohne Züge von Wohlwollen und Menschlichkeit. Unnötiges Blutvergießen duldet er nicht, er rächt sich auch nicht an den Geschlagenen und verzeiht gerne.«

»Hat er eine Religion? Empfindet er Furcht vor dem Tod?«

»Er vertraut auf sein Schwert und auf seine Sendung, und der Tod ist für ihn nur das Eingangstor zu seiner wirklichen Heimat. Deshalb lebt er hienieden lediglich wie ein Gast oder wie ein Wanderer ...«

»Also ganz wie die Christen!«

»Merkwürdig ist es, daß er in Rom Respekt vor Papst Leo bekommen hat ... Doch was ist nun geschehen?«

Da draußen war ein Geheul zu vernehmen, das zunächst vom Palast herzukommen schien, sich aber sehr schnell über das ganze Lager bis weit in die Steppe hinaus ausbreitete. Eine halbe Million Menschen winselte, und es klang wie ein Weinen.

Die zechenden Gäste stürzten hinaus und sahen, daß alle Hunnen tanzten und sich mit den Messern das Gesicht ritzten; sie hörten, wie sie unbegreifliche Worte heulend hervorstießen.

Edeko kam heran und zog Orestes mit sich fort durch das Gewimmel.

»Attila ist tot. Gelobt sei Jesus Christ!«

»Tot? Das ist Ildico gewesen!«

»Nein, sie sitzt verschleiert an der Leiche und weint.«

»Sie *ist* es gewesen!«

»Ja, aber diese Wilden sind zu hochmütig, um einzugestehen, daß Attila von Menschenhand umgebracht werden konnte.«

»Was für ein Glück für uns!«

»Schnell! Nach Rom mit der Neuigkeit! Wer sie zuerst überbringt, hat sein Glück gemacht …«

Orestes und Edeko reisten noch am selben Morgen fort, aber die Hochzeit, die sie zum ersten Mal zusammengeführt hatte, vergaßen sie nie mehr.

Später erneuerten sie ihre Bekanntschaft, jedoch unter anderen und größeren Verhältnissen, denn Edekos Sohn war Odoaker, und dieser stürzte den Sohn des Orestes, der niemand anders war als der letzte Kaiser Romulus Augustus. Er hieß seltsamerweise Romulus nach dem ersten König in Rom und Augustus nach Roms erstem Kaiser. Und er beschloß sein Leben als ein in Ehren Verabschiedeter mit einer Pension von 6000 Goldstücken in einer Villa in der Campana, die einst dem Lucullus gehört hatte.

LAOKOON

An einem Morgen im Frühling des Jahres 1506 ging Signore de Fredis durch seinen Weingarten auf dem esquilinischen Hügel in Rom. Er pflückte hier und da etwas ab. Die Arbeiter hatten am Tag zuvor auf der Suche nach Wasser eine Grube ausgehoben, doch keines gefunden. Herr de Fredis blieb davor stehen und überlegte, ob es nicht schade um die aufgeworfene Erde wäre; vielleicht könnte man sie im Weingarten verwenden. Er stocherte mit seinem Stock in dem Loch herum, um zu fühlen, wie tief die Humuserde noch reichte. Der Stock fand keinen Widerstand und drang bis an den Griff in die Erde ein.

Da unten muß wohl ein Kellerraum sein, sagte er sich. Zunächst dachte er daran, die Arbeiter herbeizurufen. Doch dann fand er, daß es angenehmer wäre, wenn er selbst auf Entdeckung ginge. Er holte eine Hacke und einen Spaten und fing an zu graben.

Zur Mittagsstunde war sein Loch bereits so groß, daß er hineinkriechen konnte. Da es unten aber stockdunkel war, ging er zunächst hin, eine Laterne zu besorgen.

Mit dem Licht kroch er nun unter die Erde und gelangte in einen gewölbten Saal. Er durchschritt dann noch fünf andere Säle, fand in ihnen jedoch keinerlei Schätze. Als er jedoch in den sechsten Saal kam, bot sich ihm ein Anblick dar, der ihn erschauern ließ.

Zwei riesige Schlangen hatten sich um einen bärtigen Mann von kraftvoller Figur und um zwei Knaben gewunden; die eine Schlange hatte den Mann schon in die rechte Seite gebissen, die andere biß den einen Knaben in die linke.

Doch die ganze Gruppe war zu festen Formen erstarrt: sie bestand aus penthelischem Marmor. Sie mochte daher wohl ebensoviel Wert besitzen wie ein Schatz.

Herr de Fredis begab sich sofort zum Stadtpräfekten, welcher alsbald in Begleitung des Aedilen und einiger Gelehrter vor der Grube eintraf.

Das Kunstwerk wurde ans Tageslicht befördert, studiert und als eine Darstellung des trojanischen Priesters Laokoon identifiziert, welchem Apollo zwei Schlangen auf den Hals geschickt hatte, weil er seine Landsleute vor dem gefährlichen Geschenk der Griechen gewarnt hatte: vor dem trojanischen Pferd, in dem ja Krieger versteckt waren. Das war nun nicht gerade eine erbauliche Geschichte, und auch keine tröstliche, denn sie beschrieb ja das undankbare Schicksal der Propheten auf dieser Erde. Doch das vergaß man, und schon wurde das Kunstwerk von den Römern als ein Zeichen der Auferstehung begrüßt, als eine Erinnerung an die Epoche der Großmacht und als eine Verheißung neuer, besserer Zeiten.

Papst Julius der Zweite kaufte den ›Laokoon‹ für den Vatikan an, nachdem Michelangelo das Stück für das größte Kunstwerk der Welt erklärt hatte. Herr de Fredis erhielt dafür eine Pension auf Lebenszeit.

Das Ausgraben und Reinigen dauerte noch einige Jahre, aber als das Kunstwerk endlich ganz in Ordnung war, geleitete man es, mit Blumen geschmückt, in einer Prozession durch die Straßen Roms, wobei die Kirchenglocken eine ganze Stunde lang läuteten.

Als der Zug in die Via Flaminia einschwenkte, betrat gerade ein wandernder Augustinermönch durch das Nordtor die Stadt. Und mitten vor dem Triumphbogen des Hadrian stieß er auf die Volksmasse, die ihren geliebten Laokoon vorbeischleppte.

Der Mönch verstand nicht sogleich den Zusammenhang. Er fand allerdings, daß die Statue einem Märtyrer glich, konnte sich jedoch nicht erinnern, daß ein solcher in einer Schlangengrube umgekommen sei. Daher wandte er sich an einen Bürger und fragte ihn auf lateinisch:

»Welcher von den heiligen Blutzeugen der Kirche ist dieses?«

Der Mann lachte wie über einen guten Witz, hielt es aber nicht für nötig zu antworten.

Nun kam die Menge, die von einem trojanischen Pferd sang

und allerlei Reime auf den Priester schmiedete. Daß es gerade ein Pfaffe war, den die Schlangen zerquetschten, schien dem ungläubigen, die Pfaffen hassenden Haufen die allergrößte Freude zu sein.

Als der Augustiner das Wort Troja vernahm, erinnerte er sich an seinen Vergil, und als die Statue vorüberkam, konnte er den Namen Laokoons, des berühmten Apollopriesters, lesen.

»Läuten etwa die Glocken für den da?« fragte er erneut seinen Bürger.

Dieser bejahte es mit einem Nicken.

»Sind diese Menschen denn wahnsinnig?« fragte er nochmals, und nun bekam er zur Antwort:

»Nein, sie sind klug, aber du bist einigermaßen dumm, kommst wahrscheinlich aus Deutschland.«

Am Morgen jenes Tages hatte der Mönch die Heilige Stadt erblickt und war auf der Landstraße niedergekniet, um Gott für die große Gnade zu danken, daß er endlich den Boden sehen durfte, der durch die Apostel und Märtyrer so geheiligt sei. Nun war er niedergeschlagen, denn er begriff nichts von diesem heidnischen Aufzug, und er wanderte durch die Gassen südwärts zur Scala Sancta, auf welcher alle Pilger, sobald sie Rom erreicht haben, zunächst einmal ihre Andacht verrichten.

Hier auf dem Platz, neben dem Lateran, hatte Helena, die Gemahlin Kaiser Konstantins, jene Treppe aufbauen lassen, welche zum Palast des Pilatus in Jerusalem geführt haben soll, und es war Sitte, daß man sie nur auf Knien und nicht mit den Füßen betreten durfte. Der Augustiner näherte sich der heiligen Stätte mit all der Ehrfurcht, die sein frommer Sinn ihm eingab, und er erwartete, in jene Ekstase zu geraten, welche er vor anderen Heiligtümern und Reliqien empfunden hatte. Schließlich war der Erlöser selbst hier mit schweren Schritten diese Marmorstufen emporgestiegen, als er verurteilt werden sollte.

Daher geriet er in nicht geringes Erstaunen, als er auf dieser Treppe Straßenjungen mit Knöpfen und kleinen Steinen spielen sah, und er konnte sich kaum beherrschen, als er junge Priester herbeilaufen sah, die mit wenigen Sprüngen die achtundzwanzig Stufen hinaufjagten.

Er hielt dennoch seine Andacht in der üblichen Weise, konnte aber dabei nicht in die erwartete Ekstase geraten.

Sodann betrat er die Lateran-Kirche, um eine Messe zu hören. Erwartet hatte er, nun eine Kathedrale in echt gotischem Stil vorzufinden – so wie den Dom in Köln etwa –, doch er fand lediglich eine Basilika nach Art einer römischen Halle vor, in welcher man einstmals zur Heidenzeit Waren feilgeboten hatte, und noch jetzt sah sie recht weltlich aus.

Am Hochaltar standen zwei Priester vor den Episteln und Evangelien. Aber sie lasen nicht darin und sangen auch nicht. Sie schwatzten vielmehr miteinander und drehten ab und zu ein Blatt zum Schein um. Mitunter kicherten sie auch, und dann gingen sie ihrer Wege, ohne ein Segens- oder Kreuzzeichen gemacht zu haben.

Ist das die Heilige Stadt, fragte sich der Mönch und trat wieder auf die Straße hinaus.

Er hatte den Auftrag, den Generalvikar des Augustinerordens in einer Klosterangelegenheit aufzusuchen, doch zunächst wollte er sich ein wenig umschauen. Beim Umherschlendern gelangte er nun zu einer kleinen Kirche, die an der Außenseite der Stadtmauer stand. Auf dem Platz davor hielt gerade ein Festzug mit einem Bacchus, welcher auf einer Tonne ritt, mit einer Schar Nymphen, die fast nackt auf Pferden saßen, und dahinter Satyre, Faune, Apollo, Merkur, Venus. Der Mönch flüchtete in die Kirche, um dem Greuel zu entkommen. Doch in diesem heiligen Haus bot sich ihm erneut ein Possenspiel dar: Vor dem Altar stand, vor sich ein aufgeschlagenes Buch, ein Esel. Unter diesem Esel saß der Pfaffe und las die Messe, aber anstatt mit Amen zu antworten, schrien die Versammelten die wohlbekannten Eselslaute iah, iah, iah!, und die Menge lachte.

Das war das klassische Eselsfest, welches in den Jahrhunderten zuvor verboten gewesen war, nun jedoch im Zeichen des Karnevals wieder zugelassen wurde. Der Mönch wußte gar nicht, wo er sich befand. Er meinte, in der Hölle der Heiden angelangt zu sein. Doch es wurde noch schlimmer, als nämlich Bacchus selbst, im Priestergewand, Weinflecken im Gesicht, auf die Kanzel

kletterte und eine Predigt anfing, die aus Boccaccios ›Decamerone‹ entnommen schien und so unanständig war, daß die Frauen ihre Gesichter hinter den Händen verbargen. Mit einer eleganten Wendung in seinem Vortrag ging der Bacchus-Pfaffe sodann zu einer Legende über den heiligen Petrus über. Zunächst begann er schön im Ton der Legende, doch dann kehrte bei ihm Petrus in einer Kneipe ein und prellte den Wirt um die Zeche. Der Mönch, welcher alle Qualen der Hölle litt, kehrte nun diesem Priester den Rücken zu und ließ seine Blicke die Kirchenpfeiler emporklettern, als wolle er selbst in den Himmel steigen und dort um Erlösung bitten. Seine Blicke blieben am Laubwerk des Kapitells haften, doch im Laub kroch etwas, das einer Schlange ähnlich sah.

Da stürzte der Mönch aus der Kirche heraus. Er hatte bemerkt, daß der Bildhauer, ein teuflischer Kerl, offenbar aus dem syrischen Baalskult ein Phallos-Attribut eingeschmuggelt hatte, und entweder stammte der Pfeiler aus einem heidnischen Tempel, oder aber der Steinmetz hatte sich mit dieser Mystifikation einen ergötzlichen Spaß erlaubt. Er rannte wie ein Flüchtender Straßen hinauf, Straßen hinab, bis er endlich zu dem Augustinerkloster kam, das er suchte.

Er zog die Glocke und wurde eingelassen. Sogleich führte man ihn ins Refektorium, wo der Prior an einem gedeckten Tisch den Vorsitz führte, umgeben von Pfaffen, welche als Gäste im Kloster weilten, um in der Fastenzeit zu beichten und das Abendmahl zu erhalten.

Da gab es getrüffelte Fasanen und hartgekochte Eier, Lachse und Austern, Aal und Wildschweinskopf, doch vor allen Dingen Wein in Kannen und Gläsern.

»Setz dich, Mönchlein!« begrüßte ihn der Prior. »Sicher hast du einen Brief? – Gut, leg ihn unter die Tischdecke! Iß und trink und sei guter Dinge, denn schon morgen können wir sterben!«

Der Augustiner setzte sich. Doch es war gerade Freitag, und er konnte es nicht über sich bringen, an einem solchen Tage Fleisch zu sich zu nehmen. Auch verursachte es ihm Pein, mitansehen zu müssen, wie hier gesündigt wurde; doch es war sein

Vorgesetzter, und die Ordensregeln verboten es ihm, an einem Vorgesetzten herumzukritteln.

Der Prior, der gerade ein längeres Gespräch mit einem geschätzten Gastfreund geführt hatte, setzte es mit einem Wortschwall fort, obgleich doch Gespräche in der Fastenzeit verboten waren.

»Ja, ehrenwerter Freund, so weit sind wir hier in Rom nun gekommen. Das ist das Reich Christi, wie es in der Heiligen Nacht verkündet wurde: ein Hirte und ein Schafstall. Der Heilige Vater regiert über das gesamte Römische Reich, so wie es einst unter Caesar und Augustus war. Doch beachte es wohl: dieses Herrschaftsgebilde ist ein geistiges, und alle Fürsten dieser Welt liegen dem Statthalter Christi zu Füßen! Das hier ist die größte Epoche, die jemals war! Ein Schafstall und ein Hirte! – Bibamus!«

Auf der kleinen Kanzel, von der aus früher ein Lektor während der Mahlzeiten aus heiligen Büchern vorzulesen pflegte, saßen ein paar Musikanten mit Flöten und Lauten. Sie spielten nun eine Art Tusch, und die Becher wurden geleert.

»Nun ja«, fuhr der Prior fort, »was gibt es Neues in der Welt, Ihr Weitgereister?«

»Neues in der Welt? Ha – «, erwiderte ein schon ziemlich angeheiterter Prälat, »Christoph Columbus ist gestorben und in Valladolid begraben worden. Er starb im Elend, wie es zu erwarten war.«

»Hochmut kommt vor dem Fall! Er war eben mit seinen Ehren nicht recht zufrieden. Vielmehr wollte er Vizekönig werden und selbst Steuern erheben!«

»Ja, sicherlich, aber jedenfalls ist er bis Indien gekommen, auch bis Ostindien, indem er westwärts segelte! Kann man da nicht verrückt werden, wenn man sich das bloß vorzustellen versucht: nach Westen segeln, um nach Osten zu kommen!«

»Das ist schon alles ein bißchen verrückt, aber das Ärgste ist doch, daß er die Lues, diese verfluchte Krankheit, mit herübergebracht hat, die schon« – und hier flüsterte er – »den Kardinal Johann von Medici befallen haben soll, welcher, wie ihr alle wißt, der Nachfolger des Papstes werden möchte.«

»Was unsern Heiligen Vater, unsern großen Julius den Zweiten, angeht, so ist das ein gewaltiger Gottesstreiter, und jetzt hat die Welt ja gesehen, wie dieses Basilisken-Ei Gallien da ausgebrütet worden ist. Stellt Euch vor, sie wollen jetzt auch herkommen und unser Italien aufteilen! Haben uns nicht schon die Deutschen genug zu schaffen gemacht?«

»Franzmänner in Neapel! Was, zum Teufel, haben wir mit ihnen zu schaffen?«

Nun fand sich der Prior veranlaßt, sich seinem neuesten Gast, dem Augustinermönch, zuzuwenden:

»Iß, Mönchlein!« rief er. »Welcher aber schwach ist, der ißt Kraut; denn alles Fleisch ist Gras, ergo ...«

»Ich esse niemals Fleisch am Freitag, am Leidens- und Todestag unseres Herrn Jesus Christus.«

»Du tust sehr unrecht daran! Aber du sollst bitte nicht so laut reden, verstehst du! Und wenn du nämlich sündigst, so sollst du auf deine Kammer gehen und einfach dein Maul zumachen! Übe dich jetzt in Gehorsam und Schweigen, den höchsten Tugenden unseres Ordens!«

Der Augustinermönch wurde zunächst rot, dann ganz blaß, und seine an sich schon mageren Wangen klebten wie nasses Leder an den Backenknochen. Doch er schwieg, nachdem er einen Löffel Salz in den Mund genommen hatte, um seine Zunge zu züchtigen.

»Das ist ja ein Makkabäer!« flüsterte der Prälat.

»Die Klosterzucht ist in Verfall geraten!« setzte der launige Prior fort. »Die jungen Mönchlein wollen ihren Vorgesetzten nicht gehorsam sein. Aber da wird alles reformiert werden! – Trink, Mönchlein, und tu mir Bescheid!«

»Es ist wohl besser, Gott zu gehorchen als den Menschen!« erwiderte der Mönch.

Verstimmung war aufgekommen, und der Prälat, der zum Abend noch die Kommunion nehmen wollte, weigerte sich, noch mehr zu trinken.

Insbesondere aber war der Prior gekränkt, da er den Vorwurf auf sich bezog.

»Du bist vom Lande, mein Freund, und kennst weder die

Zeit noch den Geist der Zeit. Du sollst von mir eine Lizenz haben, die kostet natürlich ein Stück Geld, aber dann ist der Tag nicht umsonst gewesen! Übrigens – panis es et esto! Hier hast du Wein und Brot – mit Butter drauf! Hol frischen Wein, Ganymedes! Das hier ist mein Knabe, ich liebe nämlich Knaben ... ich ...«

»Hör auf, hör auf, hör auf! ...« warnte der Prälat.

»Ach, dann beichte du eben vor mir, du! Und wir sind quitt! Wie geht es denn deiner alten Johanna, oder hast du gar eine neue ...?«

Da stand der Augustinermönch auf, um sich zu entfernen. Und das brachte den Prior zur Besinnung.

»Wie war doch gleich dein Name, Mönch?«

»Mein Name ist Martin, und ich bin Magister der Philosophie an der Universität Wittenberg.«

»Aha, na, sieh mal an! Aber geh jetzt noch nicht! Gib mir deinen Brief!«

Der Mönch überreichte den Brief, den der Prior öffnete und überflog.

»Dieser Kurfürst von Sachsen! – Herr Magister Martinus Lutherus, geht, wenn Ihr es wünscht, auf Euer Gästezimmer! Ruht Euch dort aus bis zum Abend! Dann gehen wir zu einer Gesellschaft bei Chigi. Da werden wir feine Leute treffen, so den Kardinal Johann von Medici; große Männer: Raffael und den Erzengel Michael in Person. – Michael, kennet Ihr Michelangelo, der die neue Peterskirche aufbaut und die Sixtinische Kapelle ausmalt? Nein? Dann müßt Ihr ihn kennenlernen! Vale, frater, und ich wünsche einen guten Schlaf!«

Der Magister Martin Luther ging hinaus, zu Tode betrübt, aber dennoch entschlossen, noch mehr von dem Elend zu sehen, um sich mit seinem Urteil nicht zu übereilen.

Nun wurde ein Kartenspiel hervorgenommen, und der Prior mischte.

»Das ist ein unangenehmer Mensch, den uns der Kurfürst da geschickt hat! Na, so ein Heuchler! Trinkt keinen Wein und macht vor einem Fasan ein Kreuz!«

»Irgend etwas, etwas Fatales, ist an dem Manne gewesen!«

»Der sah fast aus wie das trojanische Pferd; und was der in seinem Bauch trägt, mag Beelzebub wissen!«

Als Luther in seine einsame Zelle kam, weinte er in grenzenlosem Schmerz, den nur ein junger Mensch empfindet, welcher erkennt, wie verschieden die Wirklichkeit von jener Vorstellung ist, die er sich von ihr gemacht hat, und daß alles, was er zu verehren gelernt hatte, doch nur verächtlich und gemein war.

Doch er sollte nicht lange allein bleiben. Es klopfte an die Tür, und ein junger Augustiner trat herein, der mit vertraulicher Miene den Vorschlag machte, man solle sich doch näher kennenlernen.

»Bruder Martin, du sollst nicht allein bleiben, sondern du kannst dein Herz einem mitfühlenden Freunde öffnen!«

Mit diesen Worten ergriff er Martins Hände.

»Erzähle mir«, fuhr er fort, »was dich quält, und ich will dir Antwort geben!«

Luther betrachtete den jungen Menschen, und er erkannte sogleich, daß es ein schwarzer Welscher war, ein Mönch mit flimmernden Augen. Doch er war so lange allein gewesen, daß sein Bedürfnis, sich mitzuteilen, die Oberhand gewann.

»Was, glaubst du, würde wohl unser Herr Christus sagen, wenn er jetzt auferstände und in diese Heilige Stadt käme?«

»Er würde sich freuen, seine Kirche zu sehen: seine dreihundertundfünfundsechzig Kirchen, welche sich über den Grundmauern der heidnischen Tempel erheben. Du weißt ja, seitdem Karl der Große Säulen und Marmorsteine bis nach Aachen für den Aufbau der Domkirche heranschleppen ließ, sind auch unsere Päpste in derselben Weise tätig gewesen, so daß die Heiden und deren Häuser unserem Herrn Christus wahrhaftig gleichsam zu Füßen gelegt worden sind. Groß und erfreulich ist das, nicht wahr? Ecclesia triumphans! Sollte sich Christus etwa nicht darüber freuen? Wie schön hat nicht Innozenz III. jene ›Idee‹ der siegreichen Kirche definiert, wie Plato das genannt haben würde. Du kennst doch wohl Plato? Neulich, da hat der Papst für eine

Handschrift des ›Timaios‹ fünftausend Dukaten bezahlt. Ja, Innozenz sagte: ›Der Nachfolger des heiligen Petrus ist von Gott nicht allein deswegen eingesetzt, daß er die Kirche regiere, sondern daß er die ganze Welt lenke! Genauso, wie Gott den Himmel mit zwei großen Lichtern ausgestattet hat, so hat er auch auf Erden zwei große Mächte errichtet, nämlich: die Macht des Papstes, welche die höhere ist, denn in ihren Schutz sind die Seelen gegeben – und die Macht des Königs, die die niedere ist, denn ihr sind bloß die Leiber der Menschen anvertraut.‹ – Wenn du irgend etwas dagegen einzuwenden hast, Bruder, so sag es nur!«

»Nein, dagegen nicht, doch gegen ... alles, gegen alles, was ich gesehen und gehört habe.«

»Zum Beispiel? Denkst du ans Essen und Trinken?«

»Ja, an das auch!«

»Denk mal an! So ein kleinlicher Mensch bist du? Ich erzähle dir etwas von den höchsten Dingen, aber du antwortest mit Essen und Trinken! O pfui, Martin, du bist ein Freßsack und Saufaus! Jedoch: accipio: Unser Herr Christus ließ seine Jünger am Sabbat Ähren lesen. Das war natürlich gegen das Gesetz des Moses und ist von den Pharisäern mißbilligt worden. Du bist ein Pharisäer! Doch jetzt will ich dich an das erinnern, was der Apostel Paulus eben zu jenen Römern gesagt hat, zu denen auch wir uns rechnen; vielleicht darfst du es als deutscher Untertan nicht tun. Also: Paulus sagte: ›Sehet ihr nur auf das Äußere?‹«

»Entschuldige, das steht im Brief an die Korinther.«

»Ach ja, du siehst also auch auf das Äußere! Aber Paulus sagt weiter: ›Ich habe zwar zu allem die Macht, aber es frommt nicht alles ... Alles, was feil ist auf dem Fleischmarkt, das esset, und forschet nicht, auf daß ihr das Gewissen verschonet. Denn die Erde ist des Herrn und was drinnen ist.‹ – Das sind klare Worte, und das ist eine Gesinnung, welche ein Franzose ›large‹ nennen würde. Doch du kommst hierher wie ein Pharisäer und willst Vorgesetzte einiger Lappalien wegen verurteilen, und die Satzungen der Menschen sind dir mehr als Gottes Gebote. Pfui, Martin, denk an deine eigenen Worte: Es ist besser, Gott zu gehorchen als den Menschen. Oh, du hoffärtiger Buchstaben-Gelehrter! Du solltest lieber Paulus lesen, du!«

In der Heiligen Schrift war Luther nicht so zu Hause, denn im Kloster hatte er das Corpus juris, Aristoteles, Vergilius und die Komödien des Plautus gelesen. Zudem hatten ihn seine schweren inneren Kämpfe ein wenig mutlos gemacht. Daher blieb er die Antwort schuldig, doch in ihm kochte der Zorn.

»Ist da noch etwas anderes, was du mich fragen willst?« setzte der Augustiner mit geheuchelter Anteilnahme fort, die Luther nur noch mehr in Wut versetzte.

»Ich begreife ja durchaus, daß die Sitten unseres Volkes dich als Fremden etwas verletzt haben. Aber jedes Land hat nun einmal seine Bräuche, und wir feiern unseren römischen Karneval, indem wir die toten Götter der alten Heiden, wenn man sie überhaupt Götter nennen kann, lächerlich machen. Ich stelle mir vor, daß ihr in Deutschland dasselbe tut, wenn auch auf plumpere Art und Weise. Damit mußt du dich abfinden! Was nun dieses Eselsfest angeht, so hatte es ursprünglich einen schönen Sinn, da das arme Tier den ehrenvollen Auftrag erhielt, unsern Erlöser und seine Mutter ins ägyptische Land zu tragen. Doch alles Edle und Schöne wird ja, wie du weißt, vom Pöbel in den Dreck gezogen – können wir etwa dafür? – Kann ich dir noch einen Dienst erweisen, hast du noch irgendeinen Wunsch?«

»Nein. Aber ich danke dir sehr! Danke!«

Luther war nun aufs neue allein, und wieder brach die Hölle des Zweifels über ihn herein. Von seinem Standpunkt aus hatte der Mann ja recht gehabt, und er hatte seine Behauptungen durch vernünftige Gründe und durch Paulus untermauert. Doch sein Gesichtspunkt war falsch, daran lag es! Wie aber konnte man seinen Standpunkt ändern? Das vermochte nur der Glaube durch die Gnade! Menschenwerke vermochten das also nicht!

Sodann begann sein grübelnder Geist, der in der Dialektik des Aristoteles geschult war, den Standpunkt des Widersachers zu untersuchen. Ein barmherziger, liebreicher Gottvater konnte wohl über die Torheiten und Schwächen der Menschenkinder lächeln, wieso sollten wir es da nicht auch können? Wieso sollten wir strenger sein? Solange wir im Fleische wandeln, müssen wir auch fleischlich gesinnt sein, was uns jedoch nicht hindert, auch dem Geist das Seine zu geben. Sagte nicht Paulus selbst: ›So halten wir nun dafür, daß der Mensch gerecht werde ohne des Gesetzes Werke, allein durch den Glauben.‹ – Nun wohl, doch waren diese Freßsäcke und Knabenschänder wirklich gläubig? Der Prior hatte ja das Sakrament gelästert und für ein paar Pfennige dem Prälaten Beichte und Kommunion erlassen. Das war doch heidnisches Unwesen, das waren Satans Greuel! – Gewiß, der Glaube war eine Gnadengabe, und wenn sie diese Gnade nicht erhalten hatten, so waren sie unschuldig. – Sie waren aber doch verstockte Sünder! Dazu antwortete wiederum Paulus: ›Der Herr nimmt auf, wen er will, und verstockt, wen er will!‹ – Hatte Gott sie so verstockt, wie er Pharaos Herz verhärtet hatte, so waren sie immerhin unschuldig. Und wenn sie ohne Schuld waren, wie konnten wir es dann wagen, sie zu richten und zu verurteilen?

Wie ein Mühlrad drehte sich alles in Luthers Kopf, und er fluchte auf den Aristoteles, diesen Heiden, der ihn in seiner Jugend verführt und gelehrt hatte, an den einfachsten Wahrheiten zu kritteln. Und er spürte, daß auch Paulus ihm nicht helfen konnte, weil er es einmal so, ein andermal anders lehrte.

Zermalmt warf er sich nieder auf den Betschemel und bat Gott, ihn aus dieser Welt der Lüge, des Betrugs und der Unwissenheit fortzunehmen, wo man hineingeworfen war in die Finsternis, ohne ein Licht anzünden zu dürfen, ihn aus diesem Leben zu entfernen, wo man zum Kampf getrieben wurde, ohne Waffen erhalten zu haben.

Und er betete und kämpfte bis in den Abend hinein.

Dann kam der Prior und holte ihn ab.

»Mein Sohn«, sagte er, »vielmehr mein Bruder! Du darfst mit der Religion nicht buhlen und sie auch nicht zur Arbeit oder zur Last werden lassen! Du mußt das Leben wie eine schöne Melodie leben, neben welcher die Religion als eine leise Begleitung einhergeht. Am Alltag die Arbeit – am Sonntag aber Feiertag und Ruhe! Aber wenn du aus dem Alltag einen Sabbat machst, so sündigst du!... Komm jetzt, ich werde dir Rom zeigen!«

Martin folgte ihm, aber ungern. Die Straßen waren hell erleuchtet, und die Menschen vergnügten sich mit Tanz, Musik und Umzügen.

»Jetzt sollst du auch wissen, wohin wir gehen!« sagte der Prior. »Dieser Agostino Chigi ist ein Bankier und beinahe so reich wie das Haus Fugger in Augsburg, und er erledigt die Geschäfte des Papstes. Nebenbei ist er auch Kunstmäzen und fördert die schönen Künste, ganz besonders verehrt er unseren Raffael, welcher zur Zeit in seiner Villa malt, große schöne Gemälde, die wir jetzt sehen werden.«

Sie erreichten den Tiber und folgten dem rechten Flußufer. Dann gingen sie über eine Brücke und standen vor einem Garten, der von Marmorpfeilern und einem vergoldeten Eisengitter umgeben war. Es war Abend, und der Garten wurde von Laternen erhellt, die in den Zweigen von Orangenbäumen hingen und die reifen Früchte in einem goldenen Licht erstrahlen ließen. Zwischen den dunklen Bäumen waren weiße Marmorstatuen aufgestellt, und es gab allerlei Wasserkünste mit wohlriechendem Wasser. In den Lauben erkannte man Gruppen schöner Damen mit ihren Liebhabern; in einer sang ein Sänger zur Laute, in einer anderen rezitierte ein Poet seine Gedichte.

Mitten im Park aber lag die Villa, die der des Maecenas in den Sabiner Bergen oder dem Tusculum des Cicero ähnelte, und sie war mit den Götterbildern der Heiden geschmückt. Die Türen standen weit offen, und innen tönte Musik.

»Es ist hier unnötig, sich dem Gastgeber vorzustellen, denn er liebt freies Benehmen«, sagte der Prior. »Daher werde ich dich jetzt verlassen, und du kannst dir selbst deine Bekanntschaften suchen. Überraschendes gefällt einem ja stets am besten.«

Luther stand allein, und unschlüssig ging er nach rechts, wo sich eine Reihe erleuchteter Räume auftat. In allen Zimmern saßen Gäste, tranken und plauderten, und niemand beachtete den armen Mönch, der ungestört die Gespräche mit anhören konnte.

Im ersten Raum hatte sich eine Gruppe um einen Mann

gesammelt, der Exemplare eines gedruckten Buches austeilte, in dem gierig geblättert wurde.

»Hylacomylus? Ist das ein Pseudonym?« fragte einer.

»Es ist ein Buchdrucker Waldseemüller in Saint-Dié.«

»Cosmographia Introductio, eine Beschreibung der Neuen Welt!«

»Endlich erhält man Nachricht über diese Fabeln des Kolumbus ...«

»Kolumbus fährt nicht mehr auf Reisen!«

»Kolumbus ist abgefahren – in die Hölle! Jetzt ist da ein gewisser Amerigo Vespucci ...«

»Ein Florentiner, also einer aus unserem Volk!«

»Ach ja, dieser Kolumbus war Genuese!«

»Ihr seht, Rom beherrscht die Welt, die bekannte wie die unbekannte! Urbs ist urbs. Und heute kann man Leute aus aller Welt bei dem Römer Chigi antreffen. Ich war heute abend schon mit einem Türken, Mongolen, Dänen und Russen beieinander ...«

»Den Türken muß ich sehn! Ich liebe diese Türken, vor allem deswegen, weil sie dieses verrottete Byzanz in die Luft gesprengt haben, das es wagte, sich Ostrom zu nennen. Jetzt gibt es nur ein Rom!«

»Wißt ihr, daß unser Heiliger Vater – wenn es auch zweifelhaft ist, ob sich das mit seiner Heiligkeit verträgt – gerade Verhandlungen mit dem Sultan Bajazet wegen Hilfeleistungen gegen die aus Venedig führt?«

»Ja, aber das ist doch zu teuflisch! Wir müssen doch wenigstens so tun, als ob wir Christenmenschen sind!«

»So tun – ja. Aber ich bin kein Christ, und Ihr seid es auch nicht!«

»Wenn man schon eine Religion haben muß, dann wäre es die Mohammeds. Es gibt nur einen Gott! Das ist ihre ganze Theologie. Ein kleiner Gebetsteppich – das ist ihre ganze Liturgie ...«

»Ein Waschbecken gehört noch dazu!«

»Und ein Harem ...«

»Köstlich sieht es jedenfalls mit unserer Religion aus! Liest man ihre Geschichte, so ist es die Geschichte über den Verfall des

Christentums, – und es ist beständig verfallen, seit eintausendfünfhundert Jahren, seit den Tagen der Apostel, und bald wird es völlig verfallen sein.«

»Und liest man in der Geschichte des Papsttums, so ist auch da nur Verfall.«

»Nein, still jetzt!« unterbrach ein fetter Kardinal das Gespräch. »Ihr könnt den päpstlichen Stuhl wohl wenigstens so lange stehen lassen, bis ich mich darauf gesetzt habe!«

»Nach einem Borgia würde es uns gut zu Gesichte stehen, mal einen Medici zu bekommen, so wie du einer bist! Einen Sohn Lorenzos des Prächtigen!«

»Wollen die Kardinäle nicht tanzen?« fragte jemand, der Chigi selbst sein konnte.

»Doch, aber erst nach dem Festmahl, in einem abgesonderten Pavillon, bei verschlossenen Türen«, antwortete der Medici, »und erst, wenn ich meinen roten Hut weggehängt habe!«

Aus diesen Reden und aus dem Zusammenhang entnahm Luther, daß er die Vertreter der höchsten Priesterschaft gesehen und gehört hatte, daß der Fettkloß der Johannes von Medici* war, ein Kandidat für den päpstlichen Stuhl.

Eilig durchschritt er andere Räume, in denen halbnackte betrunkene Frauen herumlagen, die ihre Köpfe zwischen den Knien ihrer Liebhaber bargen.

Endlich kam er in den großen Festsaal. Da standen Leute aus aller Welt in Gruppen beieinander, Gesandte und Pilger. Ihre Blicke waren zur Decke gerichtet, wo sich ein Gemälde befand, das sie bewundernd betrachteten.

Luther folgte ihrem Beispiel. Hierbei vernahm er die Worte:

»Es kommt einem so vor, als würde man in den Himmel schauen. Man müßte auf dem Rücken liegen.«

»Ich kenne nichts Schöneres als einen Sonnenaufgang und dazu ein nacktes Weib!«

»Seht mal, da sitzt Gottvater selbst und streichelt die kleine Psyche!«

* der spätere Leo X.

»Das mag noch angehen! Da aber küßt er den Knaben Amor!«

»Der göttliche Raffael!«

»Welches Glück, daß Savonarola verbrannt wurde, sonst hätte er auch diese Bilder hier verbrannt!«

Der Name Savonarola weckte den ernsten Mönch aus dem Rausch der Sinne, den ihm die schönen Gemälde eingeflößt hatten, und er stürzte hinaus in die Nacht.

Savonarola, der letzte Märtyrer, der es versucht hatte, das Christentum zu retten, und deswegen verbrannt worden war! Alle wurden verbrannt, die Christus dienen wollten. Auf diese Weise also wurde ermuntert! Wie konnte man da verlangen, daß die Menschen gläubig werden sollten!

Und sein Schmerz wurde noch verdoppelt, da der Maler, der den Namen eines Engels trug und auch wie ein Engel aussah, Zeus und nackte Frauen malte. Nichts hielt, was es versprach, alles war nur Staub und Asche, vanitas!

Jedoch, dieses Heidentum, das da aus der Erde emporstieg – was bedeutete es? Dante, der Göttliche, hatte den heidnischen römischen Dichter Vergil zum Führer durch die Hölle auserwählt, und ein schönes Mädchen zur Begleiterin in den Himmel! Das war doch Wahnsinn, das war Lästerung!

Das hieße ja, das Ende der Welt wäre gekommen, der Antichrist wäre gekommen und säße mitten in Rom! Indessen, der Antichrist hatte von jeher auf dem päpstlichen Stuhl gesessen, der darum von Übel war. Schon Paulus hatte gelehrt, in der Versammlung Christi sollten wir alle Priester sein und ein Priestertum bilden... Unter solchen Gedanken erreichte er wieder seine Zelle, in deren Einsamkeit er sich und seinen Gott wiederfand.

Am folgenden Morgen ging er hinaus, um die Peterskirche zu besuchen und den Vatikan, der nach der Rückkehr des Papstes aus Avignon dessen Residenz geworden war. Da er sich in der Stadt nicht recht auskannte, geriet er aufs Forum. Da waren gerade viele Soldaten zur Musterung versammelt, und auf einem großen schwarzen Hengst saß ein alter Mann, der von Kopf bis

Fuß gepanzert war. An diesem defilierten die Soldaten vorbei, und er schien ihr Feldherr zu sein.

»Der sieht aus wie ein Rabbiner«, sagte ein Bürger, »und er wird wohl seine fünfundsechzig auf dem Buckel haben...«

»Ich meinte, er sieht eher Mohammed, dem Propheten, ähnlich. Und er hat ja auch als Kaufmann angefangen ...«

»Hat er sich auch den Papststuhl gekauft?«

»Das wäre ja noch hingegangen ... Aber als er Karl VIII. mit den Franzosen nach Neapel hereinholte, war er sogar ein Landesverräter. Jetzt zieht er gegen Venedig, und er führt die Truppen selbst an ...«

»Und erwartet außerdem Hilfe von den Türken ...«

»Die da sollten mit den Türken nicht spielen! Sie stehen schon in Ungarn und haben Wien vor Augen!«

»Wir haben die Kreuzzüge vergessen, und Verträglichkeit ist ja was Schönes ...«

»Ja, sie haben ja zuletzt sogar einen Kreuzzug gegen die christlichen Albigenser unternommen, während sie die Mohammedaner auf Sizilien umschmeichelten ...«

»Die Welt ist ein Tollhaus ...«

Der da war also Papst Julius II., der das Ungeheuer Alexander VI., den Borgia, bekämpft hatte und nun als Heerführer gegen Venedig loszog. Es war klar, daß sein Reich von dieser Welt war, und Luther verlor alle Lust, bei ihm um eine Audienz nachzusuchen. Er ging hinunter zur Leoninischen Stadt, wo die neue Peterskirche erbaut werden sollte, auf dem Baugrund der alten abgerissenen Kirche, wo einst Neros Zirkus gestanden hatte, in dem die ersten Märtyrer ihren Tod erlitten hatten.

Da sah Luther, daß der Bauplatz durch ein eisernes Gitter abgetrennt war. Vor dem Eingang jedoch standen zwei Dominikaner und ein Laie, der wie ein Krämer aussah. Zwischen ihnen stand eine große Eisenkiste, und die Mönche boten den Vorübergehenden die Vergebung der Sünden an, wenn sie soundso viel bezahlten. Jeder, der hineinwollte, um sich den Bau anzuschauen, warf dem Krämer Geld zu. Der zählte es und schrieb es auf, denn er war ein Angestellter des Hauses Fugger, das den Ablaß in Submission genommen hatte.

Luther wollte es sehen, und ohne nachzudenken gab er ihnen ein paar Silberstücke. Als Quittung bekam er ein Stück Papier, auf welchem die Ablaßformel für einige kleine Sünden zu lesen war.

Als er das Papier durchgelesen hatte, gab er es zurück und schrie: »Ich kaufe keinen Sündenablaß, aber das Eintrittsgeld bezahle ich gern!«

Sodann betrat er den Bauplatz. Da entdeckte er, daß ihm der Augustinermönch mit den schwarzen Augen gefolgt war.

»Bist du nicht zufrieden, Bruder?« fragte dieser. »Meinst du, daß man die Vergebung der Sünden kaufen kann? Wer hat solches behauptet? Weißt du denn nicht, daß die weltlichen Gesetze Geldstrafen für Verbrechen festsetzen? Wieso sollten die kirchlichen eigentlich nicht dasselbe tun? Sage mir, warum! – Pfui, sprichst du so? – Kaufen? – Du gibst Geld fort. Damit enthältst du dich einiger Genüsse! Anstatt dir Wein oder Weiber zu kaufen, schenkst du dieses Geld der Kirche. Gut! – Damit hast du auf eine Sünde verzichtet, mit der du dich sonst befleckt hättest ...«

»Wo lernt ihr eigentlich, solche Reden zu führen?«

»Wir lernen hier in den Schulen denken, siehst du, wir lesen Cicero und Aristoteles.«

»Lest ihr auch die Bibel?«

»Ja, sicherlich! Die Epistel liegt immer neben dem Evangelium auf dem Altarpult.«

»Begreift ihr auch, was ihr lest?«

»Jetzt bist du widerwärtig, Martin. Aber du bist auch hochfahrend, und das solltest du nicht sein. Sieh einmal hier: die neue Kirche! Sie steht hier nur im Fundament, aber wenn wir da in die Hütte des Baumeisters gehen, dann können wir uns die Aufrisse ansehen!«

In einem kleinen Pavillon waren die Zeichnungen aufgehängt, und gegen ein erneutes Eintrittsgeld kam man hinein.

»Na, was sagt mein kritischer Bruder?«

»Das ist ja ein römisches Badehaus!« erwiderte Luther, nachdem er einen Blick auf die Blätter geworfen hatte. »Die Thermen des Caracalla, denk ich! Ein Haus der Heiden also!«

»Ja, wenn man so will! Aber alles ist erst heidnisch und wird dann getauft. Die Heiden waren auch nicht auf den Kopf gefallen ...«

»Ich will gar nichts mehr sehen!«

»Doch, du mußt, ehe du gehst, diese beiden großen Männer da auf dem Bauwerk sehen! – Der lange Kerl mit dem Mosesbart, das ist Michelangelo, und dieser schmale jüngere Mann mit dem langen Hals und den fraulichen Zügen, das ist Raffael ...«

»Ist das Raffael?«

»Ja, er sieht doch aus wie ein Engel! Aber so gefährlich ist es nicht! Es ist ein sehr guter Mensch, und man will ihn gern verheiraten ... aber er reflektiert nicht darauf. Er strebt nämlich nach dem Kardinalshut, den man ihm versprochen hat.«

»Kardinals ...«

»Tja! Er befaßt sich viel mit Geistlichem, obgleich er auch viel weltliche Dinge malt.«

»Ich besinne mich drauf, aber ich will dergleichen vergessen!«

»Hör mal, Martin«, fuhr nun der Augustiner mit einer fast beleidigenden Vertraulichkeit fort, »wenn du einmal von hier fortgehst und dann heimkommst, so vergiß nicht, deine Zunge im Zaum zu halten! Denk immer dran, was ich dir sage: Es gibt Augen und Ohren, die dir folgen, wohin du auch gehst, auch dahin, wo du es nicht vermutest!«

»Wenn der Herr mit mir ist, was vermögen dann die Menschen gegen mich?«

»Bist du sicher, daß der Herr mit dir ist? Kennst du seine Wege und seinen Willen? Du allein? Kannst du seine Absichten auslegen, wenn er spricht?«

»Ja, das kann ich, denn ich höre seine Stimme in meinem Gewissen. Und weiche nun von mir, Satan, oder ich will beten, daß ein Blitz vom Himmel dich treffen möge! – Hergekommen bin ich als ein gläubiges Kind, aber ich gehe fort von hier als ein glaubender Mensch, denn deine Zweifel haben in mir lediglich stumme Antworten hervorgerufen, die du jetzt nicht hörst, die du jedoch einmal hören wirst! Savonarola habt ihr umgebracht, ich aber bin jung, ich bin stark, und ich werde leben! Das behalte im Gedächtnis!«

Luthers Aufenthalt in Rom war nicht von langer Dauer. Doch er benutzte die Zeit, um Hebräisch zu lernen und um die Vorlesungen des Juden Elia Levi Ben Ascher zu hören, der auch Bachur oder Elias Levita genannt wurde. Dort traf er auch den Kardinal Viterbo, den Beschützer der Juden, und allerlei andere Berühmtheiten, denn die morgenländischen Sprachen waren dazumal Mode, nachdem die Türken sich in Konstantinopel festgesetzt hatten.

Und Luther genoß die Freundschaft des alten Juden, denn Elias war der einzige ›Christenmensch‹, den er in Rom finden konnte.

Schade war nur, daß dieser Mann unter dem Gesetz des Moses lebte und das Evangelium nicht kannte; doch besser verstand er es eben nicht.

OLD MERRY ENGLAND

Kardinal Wolseys Rudergaleere stieß von der Landungsbrücke am Tower unterhalb der Eisernen Pforte auf der Themse ab.

In Gold und Rot leuchtete sie; ihre Flaggen und Wimpel flatterten in einer leichten Brise. Der Kardinal in seinem leuchtenden roten Gewand saß auf dem Achterdeck, umgeben von seinem *kleinen* Hofstaat. Den *großen* hatte er daheim gelassen, im York Palace, dem späteren Whitehall. Sein Gesicht war gerötet, sowohl vom Widerschein seines Gewands als auch vom Wein, denn er hatte im Tower mit König Heinrich VIII. zu Mittag gespeist. Die Röte konnte aber auch von der neuen Franzosenkrankheit stammen, die zu jener Zeit ganz groß in Mode war, wie überhaupt alles Französische.

Zufrieden war er, denn er hatte neue Beweise von der Gnade seines Königs empfangen.

An seiner Seite stand der Sekretär Thomas Cromwell. Sie beide waren Emporkömmlinge: Wolsey war der Sohn eines Metzgers, Cromwell der eines Schmieds, und das war wohl auch eine der Ursachen für ihre Freundschaft, obgleich der Kardinal zwanzig Jahre älter war.

»Das war ein gesegneter Tag«, frohlockte Wolsey und schickte seine Blicke zum Tower hinauf, in welchem der König damals noch residierte, allerdings nicht mehr lange. »Ich habe den Kopf dieses Narren Buckingham bekommen, der da geglaubt hat, nach Heinrich VIII. einen Anspruch auf die Krone zu haben ...«

»Wer soll denn die Krone nach Heinrich erhalten, da er keinen männlichen Nachkommen besitzt und auch keinen bekommt?«

»Darum werde ich mich schon kümmern. Katharina von Aragonien ist krank und alt, doch der König ist jung und stark ...«

»Denk an Buckingham!« sagte Cromwell. »Es ist gefährlich, sich in die Thronfolge einzumischen.«

»Schäme dich! Ich habe die Geschicke Englands so lange gelenkt und werde sie auch weiterhin lenken.«

Cromwell begriff, daß es an der Zeit war, den Gesprächsgegenstand zu wechseln.

»Ein Segen, daß der König aus der Festung herauskommt. Es muß ihn ja schwermütig machen, Wand an Wand mit Gefangenen zu wohnen und das Schafott von seinen Fenstern aus zu sehen ...«

»Sage nur nichts Schlechtes über unseren Tower! Er ist wie eine Biblia pauperum, wie eine Geschichte Englands in Bildern: angefangen von den Römern bis zu König Alfred, Wilhelm dem Eroberer und den Rosenkriegen. Denk dir, ich war vierzehn Jahre alt, als England neu geschaffen wurde nach der Schlacht bei Bosworth und als der dreißigjährige Rosenkrieg durch Lancasters Heirat mit York beendet wurde ...«

»Mein Vater hat oft vom Ende des hundertjährigen Krieges mit Frankreich erzählt, und dieses Ende kam im gleichen Jahr 1453, in welchem Konstantinopel von den Türken eingenommen wurde.«

»Ja, alle Länder sind mit Blut getauft, das sind die Sakramente der Beschneidung! Und sieh an, wie es grünt nach dieser Taufe! Du weißt ja: Apfelbäume tragen am meisten Früchte, wenn man sie mit Blut gedüngt hat ...«

»Jaja, das weiß ich; mein Vater hat stets die Abfälle vom Schlachten an den Wurzeln der Obstbäume eingegraben ...«

Hier stockte er und errötete; er hatte nämlich einen großen Fehler gemacht. In Gegenwart des Kardinals durfte man unter keinen Umständen vom Schlachten oder von dergleichen Dingen reden. Das Volk haßte ihn nämlich und nannte ihn mitunter ›den Schlächter‹. Doch Cromwell war ja über jeden Verdacht erhaben, und so nahm der Kardinal seine Worte nicht übel, er rettete vielmehr die Situation und fuhr fort:

»Übrigens, Seine Majestät hat mein Geschenk sehr wohlwollend aufgenommen; Hampton Court ist allerdings auch ein Kleinod, das noch den Vorteil hat, nahe bei Richmond und Windsor zu liegen; doch mit York Palace kann es sich natürlich nicht messen.«

Stromaufwärts fuhr die Galeere, und am Ufer sah man die wichtigsten Gebäude Londons. Man fuhr am Zollhaus und am Warenmagazin vorbei, passierte den Fischmarkt und den Fischerhafen, die Türme von Guildhall oder vom Rathaus, Blackfriars, das Kloster, die alte St.-Pauls-Kirche, den Temple, den früheren Sitz der Tempelherrn, der nun Amtssitz der Gerichte war, das Saint-James-Krankenhaus, welches später von Heinrich VIII. eingezogen und seine Residenz wurde.

Endlich legte man bei York Palace (Whitehall) unweit von Westminster an, wo Wolsey, der Kardinal und päpstliche Legat, der Erzbischof von York und Großsiegelbewahrer, mit seinem Hofstaat wohnte, der an die achthundert Personen umfassen mochte, die Hofdamen mitgerechnet.

Hier stieg man nach einem belanglosen Gespräch an Land, denn der Kardinal redete vornehmlich von Bagatellen, wenn er große Eier ausbrütete. Und das größte Ei, über welchem er derzeit brütete, war seine Bewerbung um die Papstwürde.

Der Schatzmeister Thomas More, zudem Mitglied des Geheimen Rates, saß in seinem Garten in Chelsea oberhalb von Westminster. Druckbögen korrigierte er soeben, denn er war eine große Leuchte der Wissenschaft und schrieb zu allen Fragen der Zeit, zu religiösen wie zu politischen, obgleich er eigentlich ein Mann des Friedens war, der mit seiner Familie dort draußen in der Vorstadt wie in einem Idyll lebte.

Festtäglich war er gekleidet, obwohl er zu Hause war und arbeitete, und er zeigte Unruhe, denn er blickte immer wieder zum Tor hin, kein Geringerer als der König selbst hatte seinen Besuch zu dieser frühen Morgenstunde angekündigt. Und er wußte aus Erfahrung, wie gefährlich es war, sich mit dem König einzulassen und teilzuhaben an dessen Geheimnissen. Der Herrscher hatte nämlich die üble Angewohnheit, sich Rat einzuholen, dem er dann doch nicht folgte, und Geheimnisse preiszugeben, die den Mitwisser meistens den Kopf kosteten. Das allergefährlichste jedoch war, die Rolle eines Vermittlers zu übernehmen, denn dann landete man zwischen zwei Mühlsteinen.

Auf das Schlimmste vorbereitet, suchte More durch das Lesen seiner Druckbögen Ruhe zu bewahren, allein alle seine Anstrengungen waren vergebens.

Da stand er auf und fing an, auf den Gartenwegen auf und ab zu gehen, und er stellte alle möglichen Vermutungen an über die Ursache des königlichen Besuches. Er suchte Einwänden zu begegnen, Beweisführungen zu widerlegen, allzu schroffe Ansichten abzuschwächen, ohne Anstoß zu erregen; der König war zwar ein gelehrter Ritter, der die Wissenschaft schätzte, er war aber von Natur aus ein wilder Kerl und suchte sich mit Hilfe der Geißel der Religion zu zähmen, was ihm jedoch nicht recht gelang.

Nun war Pferdegetrappel und Waffengeklirr zu vernehmen, und der Schatzmeister eilte, die Mütze in der Hand, zum Gartentor, wo der König bereits vom Pferd gesprungen war. Und mit einer Mappe voll Papieren in der Hand stürzte er seinem Freund entgegen.

»Thomas«, begann er ohne Umschweife, »nimm hier und lies! Er hat eine Antwort gegeben! – Wer? – Luther natürlich! Er hat auf meine ›babylonische Gefangenschaft‹ geantwortet, er, der Mann mit dem widerwärtigen Gemüt und den gottverfluchten Zielen. Nimm und lies! Und dann sage mir, ob du je so etwas Ähnliches gesehen hast!«

Thomas nahm einen gedruckten Sendbrief entgegen.

»Und dann sagt dieser Satan, dieser Lügner, ich hätte meine Schrift gar nicht selbst verfaßt! Da nimm und lies und gib mir dann einen Rat!«

Thomas nahm Luthers Antwort auf Heinrichs Angriff und las sie. Doch er las leise, und mitunter fiel es ihm schwer, ernst zu bleiben, obwohl der König seine Blicke unverwandt auf sein Gesicht richtete, um auszuspionieren, was er dachte.

›Da liegt mir nichts an‹, stand da unter anderem zu lesen, ›es habe König Heinz oder Kunz, Teufel oder die Hölle selbst das Buch gemacht. Wer lügt, der ist ein Lügner, darum fürchte ich ihn nicht. Mich dünkt wohl, König Heinrich habe eine Elle grobes Tuch oder zwo dazugegeben, und der giftige Bube Leus

(Leo X.), der wider Erasmus geschrieben hat oder seinesgleichen, habe die Kappen geschnitten und mit Futter unterzogen. Aber ich will sie ihnen anstreichen und Schellen daran schürzen, ob Gott will.‹

Thomas spürte, daß er etwas sagen müsse oder den Kopf verlieren würde; darum sagte er:

»Da ist unerhört! Das ist in jeglicher Weise – unerhört!«

»Lies weiter!« schrie Heinrich.

»Die übrigen sechs Sakramente spart er sich für später – ... ›denn es liegt mir die Bibel zu verdeutschen auf dem Halse ..., daß ich jetzt nicht länger in Heinzens Dreck mähren kann.‹«

Thomas war dicht davor, vor Lachlust zu ersticken, er spürte aber das Schwert über seinem Kopf und fuhr fort:

›Ich will aber, will's Gott, mir die Zeit einmal nehmen und dem giftigen Lügenmaul und Lästerer König Heinzen vollends ausantworten und ihn ausmutzen ... darum gedenkt er, sich an den Papst zu hängen und ihm zu heucheln ... darum jucket einer den andern, wie die Maulesel sich untereinander jucken ...‹

»Nein, Sire«, unterbrach sich More, »ich kann nicht mehr; das alles zu lesen wäre Majestätsbeleidigung.«

»Ich lese es«, sagte der König und riß die Schrift an sich. »›Ich besiege und trotze Papisten, Thomisten, Heinrichen, Sophisten und allen Schweinen der Hölle.‹«

»Er nennt uns Schweine.«

»Es ist ein tollgewordener Mensch, den man mit einem Zaunpfahl erschlagen und mit Bluthunden durch den Wald jagen sollte ...«

»Ja, das sollte man! Doch wenn man daran denkt, daß dieser Schurke sich für einen Propheten und Diener Christi ausgibt! – Und dann hat er sich noch mit einer Nonne vermählt; das ist ja Blutschande! Aber da hat er auch seinen Lohn empfangen! Der Kurfürst von Sachsen hat ihn fallengelassen, und niemand von seinen ›Freunden‹ ist zu seiner Hochzeit gekommen ...«

»Was will er denn? Was für eine neue Lehre ist das? Die Rechtfertigung durch den Glauben. Wenn sie nur glauben, dann dürfen sie leben wie Schweine! ...«

»Und dann noch die Lehre vom Abendmahl! Die Kirche sagt, daß die Gnadenmittel durch die Konsekration verwandelt werden. Indessen, dieser Materialist behauptet, daß es Leib und Blut Christi ist! Dann sind ja die Ähren auf dem Feld und die Trauben im Weinberg auch der Leib Christi und sein Blut! Das ist ja ein Esel! Und die Welt ist irrsinnig!«

»Und der Ablaß! – Gratis sündigen! – Sire, gestattet mir, ein paar Zeilen vorzulesen, welche ich als Antwort geschrieben habe, nicht nur hierzu, sondern zu seinen anderen Dummheiten, nur ein paar Zeilen, doch es werden noch mehr werden!«

»Lies! Ich höre zu, wenn du sprichst! Ich habe nämlich gelernt zuzuhören, und deswegen weiß ich einiges.«

Der König warf sich rittlings auf einen Stuhl, als wolle er mit eingelegter Lanze gegen seinen furchtbaren Feind anreiten.

»Hochwürdiger Bruder«, las More, »Bruder, Vater, Saufaus, abgefallener Augustiner, tölpelhafter Bacchant des geistlichen und weltlichen Rechts, ungelehrter Lehrer der heiligen Theologie!«

»Gut, Thomas! Von Theologie versteht er nichts!«

»Und folgendermaßen hat er sein Buch gegen den Verteidiger unseres Glaubens, gegen König Heinrich, zusammengeflickt: ›Seine Stallbrüder hat er versammelt und sie ermahnt, daß ein jeglicher von ihnen in seiner Art allerlei Schmähungen und Schimpfworte zusammenklauben solle. Da suchte der eine Fuhrleute und Schiffsknechte auf, der andere ging in die Bade- und Spielhäuser, der dritte in die Barbierstuben und Weinkeller, der vierte in die Mühlen und Hurenhäuser. Und sie schrieben das Frechste, Schmutzigste und Gemeinste in ihre Kladden, was sie hörten, und sie brachten alle diese Grobheiten und Abscheulichkeiten heim und leerten sie in jene ekelerregende Kloake, welche man Luthers Seele nennt...‹«

»Gut! Sehr gut! – Doch, was sollte man jetzt unternehmen?«

»Den ganzen Dreck verbrennen, Sire, und die Sache damit zu einem Ende bringen!«

»Ja, ich werde seine ketzerischen Auswürfe verbrennen lassen, gleich morgen unter dem St.-Pauls-Kreuz in der Stadt...«

Da unten im großen Bibliothekssaal des Temple hockten der König und Kardinal Wolsey beieinander und durchforschten alte Gesetzessammlungen und Präzedenzfälle. Aber da draußen im Garten befand sich die Königin mit einigen Höflingen. Diesen Garten, der eigentlich ein riesiger Rosenhain war, hatte man gewissermaßen aus historischem Andenken erhalten, und er diente nun als Spazierfeld für jene fürstlichen Personen, die im Tower, in dem es spukte, nicht schlafen konnten, welche jedoch in dem engen unbedeutenden Bridewell in der Stadt nicht hausen wollten. Hier im Garten sollten nämlich die Anhänger von Lancaster und York seinerzeit ihre Feldzeichen, die weißen und die roten Rosen, gepflückt haben. Nach dem Ende des Krieges wurde der Rosengarten weiter gepflegt; er war, wie bereits gesagt, ein beliebter Promenadenort.

Die Königin Katharina von Aragonien, die Tochter von Ferdinand und Isabella, die Kolumbus beschützt hatten, war nunmehr, nach zwanzigjähriger Ehe mit Heinrich VIII., in ein gewisses Alter gekommen. Mehrere Söhne hatte sie ihm geboren, doch waren sie alle gestorben. Nur eine einzige Tochter, Mary, lebte noch, welche später als Königin noch unter dem Namen ›die Blutige‹ bekannt werden sollte. Vor der Zeit war die Königin gealtert und suchte nun Trost in der Religion. Nachts stand sie auf und ging – als Franziskanerin verkleidet – zur Messe. Und ihr war durchaus bekannt, daß der König ihr untreu war; doch sie fand sich damit ab. Auch der Name der Geliebten, Elisabeth Blunt, war ihr geläufig; sie tat aber so, als wüßte sie nichts.

Nun saß sie auf einer Bank und sah zu, wie ihre jungen Hofleute spielten, und dabei blätterte sie in ihrem Gebetbuch.

Vor allem einem Paar folgten ihre Augen mit Wohlgefallen, der ungewöhnlich schönen Anna von Norfolk und dem jungen Henry Algernon Percy von Northumberland, einen Nachkommen Hotspurs.

Die beiden jungen Leute spielten mit Rosen: der Jüngling hatte den Arm voller weißer, das Mädchen den Arm voller roter Rosen, welche sie einander zuwarfen, wobei sie ein Lied sangen.

»Spielt hier nicht so, Kinder!« sagte sie. Es war schön mit anzusehen, aber das Gesicht der Königin verdüsterte sich: »Es weckt so vieles auf, was im Tower schlafen muß, hier, wo lediglich die Toten ruhig schlafen können. Überdies, der König, und der Kardinal demzufolge auch, könnte ärgerlich werden. Sie sitzen da drinnen in der Bibliothek. – Spielt etwas anderes!«

Die beiden jungen Leute sahen aus, als ob sie diese Worte nicht verstanden hätten. Deshalb setzte die Königin fort:

»Der Krieg der Rosen, meine Kinder, war mit der Schlacht bei Bosworth nicht ganz zu Ende, sondern – und da ging was nicht mit rechten Dingen zu – im Tower passierte so manches, was am besten vergessen sein sollte. – Nehmt euch was vor zum Lesen!«

»Den ganzen Morgen haben wir gelesen«, erwiderte Anna, die auch Boleyn oder Bullen genannt wurde.

»Was lest ihr da so?«

»Chaucer.«

»Canterbury Tales? Dies Buch ist nicht für Kinder. Chaucer war ein Spötter ... Nehmt statt dessen mein Buch! Es sind gute und schöne Bilder darin ...«

Der junge Percy nahm das kleine Brevier entgegen, und dann gingen sie beide schlendernd die Allee hinunter, als suchten sie Schatten, bis sie allmählich aus den Augen der Königin entschwanden.

Doch von der Bibliothek aus folgten ihnen der König und der Kardinal mit den Augen, während sie die Folianten wälzten.

Der König wurde unruhig und redete lediglich um des Redens willen und nicht, um etwas mitzuteilen, und der Kardinal tat dasselbe.

»Ihr wollt Euch also um den päpstlichen Stuhl bewerben, Kardinal, als Nachfolger Hadrians?«

»Ja, man sagt es.«

»Doch wie steht es mit den Stimmen für Euch?«

»Die beherrschen Kaiser Karl V. und König Franz I.«

»Wie sollte man zwei so ungleiche Bänder miteinander verknüpfen können?«

»Das gerade ist ja das Kunststück, Sire ...«

»Ihr könnt Euch doch nicht mit beiden gut stellen …?«

»Wer weiß … Der Kaiser hat ja Rom eingenommen und den Papst auf der Engelsburg gefangengesetzt … Und dann – es war köstlich – haben seine Soldaten, aus Spaß natürlich, unter dem Fenster des Eingesperrten diesen Martin Luther zum Papst ausgerufen.«

»Nennt mir diesen verdammten Namen nicht!« schrie der König, doch mehr aus Wut über das, was er im Rosengarten gesehen hatte, und das begriff der Kardinal.

»Mir paßt es nicht, mir auch nicht, daß Northumberland mit Norfolk in eine Verbindung eintritt …«

»Was habt Ihr da eben gesagt?«

Der König wurde nun zornig, weil Wolsey seine Gedanken erraten hatte, doch er wollte es nicht zu erkennen geben.

»Anna ist wahrhaftig zu gut für einen Percy, und ich finde es unpassend von der Königin, daß sie die Kupplerin macht …, daß sie sie zusammen in den Büschen verschwinden läßt! Nein, damit muß Schluß sein!«

»Sire, es ist bereits zu Ende. Ich habe schon an Annas Vater geschrieben, daß er die junge Dame nach Hever zurückbeordert!«

»Gut habt Ihr das gemacht, bei Gott! Zwei derartige Geschlechter, die beide nach meinem Thron schielen, die dürfen sich nicht vereinigen!«

»Wer schielt nicht nach dem Thron? Kürzlich war es Buckingham, und jetzt ist es Northumberland, und das alles nur, weil kein Thronerbe da ist, Sire! Nun müßt Ihr aber bald an Euer Land und an Euer Volk denken! Benennt einen Nachfolger!«

»Nein, ich will keinen haben, der herumläuft und auf meinen Tod wartet.«

»Dann haben wir wieder die Rosen! Die Rosen, welche England eine Million Menschen gekostet haben und achtzig aus unseren edelsten Familien …«

Der König lächelte.

»Aus unseren edelsten …«

Der König stand auf und trat ans Fenster.

»Jetzt muß ich die Königin nach Hause geleiten!« sagte er.

»Die ist da draußen eingeschlafen, und der nasse Garten ist nichts für ihren siechen Körper.«

»Bei dem Alter Ihrer Majestät, der Königin, ist allerhöchste Vorsicht geboten ...«

Wolsey betonte das Wort ›Alter‹, denn Katharina war vierzig Jahre alt, und es bestand keinerlei Hoffnung mehr, daß sie noch einen Thronerben haben würde. Die Tochter Mary konnte man zwar verheiraten, allein, man wußte noch nicht, mit wem.

»Sire, werdet nicht zornig! Doch gerade jetzt habe ich etwas in der Heiligen Schrift gefunden ... es könnte ein Zufall sein ... Wollt Ihr es hören?«

»Sag es!«

»Im dritten Buch Mose, im Kapitel zwanzig, Vers einundzwanzig, habe ich folgendes gelesen ... doch werdet nicht zornig auf Euren Diener!«

»Lies vor!«

»Dort steht das furchtbare Wort des Herrn: ›Wenn jemand seines Bruders Weib nimmt, das ist eine schändliche Tat; *sie sollen ohne Kinder sein,* darum daß er seines Bruders Blöße aufgedeckt hat.‹«

Der König geriet in Erregung und ging zum Kardinal hin.

»Steht das so da? – Ja, tatsächlich! – Gott hat mich gestraft, indem er mir meine Söhne nahm, einen nach dem anderen!

Was für ein wunderbares Buch, in welchem alles aufgezeichnet ist! Deshalb also, deshalb! – Doch was sagt Thomas von Aquino, dieser Engel an Gelehrsamkeit?«

»Ja, Sire, wenn Ihr in dieser Angelegenheit Klarheit wünscht, so müssen wir die Gelehrten befragen.«

»Das wollen wir tun! Doch still und verschwiegen! Die Königin ist ohne Fehl und Tadel, und sie soll keine Schmach erfahren! – Still und verschwiegen, Wolsey! – Aber die Wahrheit muß ich wissen!«

In einem Saal im Tower neben dem ›Blutigen Turm‹ waren der Kardinal und Thomas More in einem lebhaften Gespräch begriffen.

»Was ist da in Deutschland eigentlich passiert?« fragte der Kardinal.

»Das ist passiert: Während Luther auf der Wartburg saß, ging sein Schüler Karlstadt daran und stülpte in Wittenberg alles auf den Kopf. Gestützt auf die Bibel, wo im Alten Testament Bilder verboten werden, führte er seine Studenten und Gesellen zum Sturm auf die Kirchen und schmiß alle heiligen Gegenstände heraus ...«

»Da habt Ihr die Bibel! Es bedeutet, die Hölle loszulassen, wenn man sie den Laien in die Hände gibt!«

»Sodann ...«

»Was hat Luther dazu gesagt?«

»Der ist von der Wartburg herabgerannt und mit heftigen Worten gegen Karlstadt und seine Gesinnungsfreunde aufgetreten! Ich kann aber nicht behaupten, daß seine Argumente sehr stark waren ... Ein Ratsherr hat aus dem Buch Mose zitiert: ›Du sollst dir kein Bildnis noch irgendein Gleichnis machen!‹ Und ein Schuster hat geantwortet: ›Oft habe ich vor den Bildern den Hut abgenommen, in der Stube und auf der Landstraße; aber das war ein Götzendienst, der Gott die Ehre nahm, welche ihm allein zusteht ...‹«

»Was hat Luther da geantwortet?«

»Dann müßte man wegen des möglichen Mißbrauchs auch alle Frauen totschlagen und den Wein auf die Straße gießen!«

»Das war dumm gesagt. Aber so muß es ja kommen, wenn man mit Schustern disputieren will. Übrigens, es ist unwürdig, die Frau mit dem Wein zusammenzubringen! Das kann ja nur so ein Materialist tun, der seine Frau einem Bierfaß gleichsetzt!«

»Die Logik ist nicht seine Stärke, und seine Vergleiche gehen auf Krücken. In seiner Antwort auf die Bannbulle des Papstes hat er unter anderem geschrieben: ›Aber wenn eine Heufuhre vor einem Betrunkenen ausweichen muß, um wieviel mehr müssen nicht Petrus und Jesus Christus vor dem Papst ausweichen?‹«

»Das ist ja hübsch gesagt! – Doch gehen wir zu James Bainham zurück!«

»Aber zuvor noch über das Ende jener Schwarmgeister in

Deutschland! Außer Karlstadt haben sich noch andere Schwärmer, natürlich unter Berufung auf die Bibel und Luther, wieder taufen lassen, und ihr Anführer hat sich zehn Frauen genommen, wobei er sich auf König David und Salomon, ja sogar auf Abraham selbst berief …«

»Da habt Ihr die Bibel! – Ruft uns jetzt Bainham herein, dann wollen wir hören, wie sich die Sache hier ausnimmt! Er war ja Jurist im Temple, sagst du, und hat Lutherische Lehren verbreitet … Haben wir denn nicht genug an Wicliff und den Lollarden gehabt? Sollen wir dieselbe Lektion noch mal vornehmen, die uns jetzt dieser deutsche Plagiator da vorgrunzt?«

»Ich bin von Natur aus durchaus kein unverträglicher Mensch«, sagte More, »aber ein Staat sollte eben homogen sein, sonst zerfällt er; Laien und Verrückte sollten nicht hervortreten dürfen, um die Staatsreligion zu bekritteln, mag sie nun besser oder schlechter sein …«

»Laßt den Bainham kommen! Wir wollen ihn anhören!«

More schritt zu einer Tür, die von draußen von Landsknechten bewacht wurde, und gab einen Befehl.

»Du wirst das Verhör führen, und ich werde zuhören«, sagte der Kardinal.

Nach einer Weile wurde Bainham in Ketten hereingeführt. More setzte sich an die schmale Seite des Tisches. Und dann begann er:

»James Bainham, kannst du in einigen wenigen Worten darlegen, woran du glaubst?«

»An Gottes Wort, und das ist die ganze Heilige Schrift!«

»Tust du das wirklich? Also – sowohl an das Alte als auch an das Neue Testament?«

»An beides!«

»An das Alte Testament also auch?«

»An beides.«

»Also auch an das Alte … natürlicherweise. Nun wohl, du hast dich wieder taufen lassen, weil es in der Bibel heißt: ›Gehet hinaus und lehret alle Völker und taufet sie!‹ – Gut! Aber hast du dich auch beschneiden lassen? Das verlangt die Bibel ja auch!«

Bainhams Gesicht nahm einen so dummen Ausdruck an, daß sich der Kardinal abwenden mußte, um zu lächeln.

»Also, mein lieber Bainham, du bist nicht beschnitten, obgleich die Beschneidung von der Bibel gefordert wird?«

»Ich bin kein Israelit«, erwiderte Bainham.

»Das nicht!? Doch Nikodemus, der unseren Heiland besucht hat und an ihn glaubte, wird von Johannes ein rechter Israelit genannt; und bist du kein rechter Israelit, bist du auch kein Christ.«

»Ich kann auf so etwas nicht antworten!«

»Nein, du kannst nicht antworten, aber predigen kannst du, und du kannst Geschwätz von dir geben! Bist du Lutheraner?«

»Ja!«

»Aber Luther stellt sich gegen die Anabaptisten, deshalb ist er auch gegen dich, und er hat die Fürsten aufgefordert, die Wiedertäufer totzuschlagen wie wilde Hunde. Bist du immer noch Lutheraner?«

»Ja, in seinen ersten Lehren.«

»Jetzt zur Rechtfertigung durch den Glauben! Was glaubst du?«

»Ich glaube an Gott, den Vater ...«

»Wer ist der Vater? In Luthers Katechismus steht: ›Du sollst keine anderen Götter haben neben mir!‹ – Aber das ist ja das Gesetz des Moses, und es ist Jehova, der hier gemeint ist. Und wenn du an Jehova glaubst, dann bist du ein Jude, nicht wahr?«

»Ich glaube auch an Christus, Gottes Sohn ...«

»Demzufolge bist du ein Judenchrist? – Und nun hast du behauptet, daß du Lutheraner, Wiedertäufer, Jude und Christ bist, alles auf einmal! – Ein Narr bist du und weißt eigentlich überhaupt nicht, was du bist! Aber das alles würde ja noch hingehen, wenn du nicht andere verführen würdest ...«

»Verabreicht ihm eine Tracht Prügel!« sagte der Kardinal, dem der Verlauf des Gesprächs eigentlich nicht mehr zusagte, am wenigsten aber dieser Angriff auf die Bibel, welche er gerade jetzt für seine Ziele benutzen wollte.

»Die hat er schon bekommen!« erwiderte More. »Aber abgesehen von den Glaubenslehren, mit denen sich dieser eingebildete Kerl angenehm machen will – er gehört auch zu einer Art Sekte, die die Bibel in einer scheußlichen Übersetzung verbreitet... Da siehst du selbst, wohin dieses Bibellesen führt! Und ich fordere dich jetzt auf, deine Komplizen anzugeben!«

»Niemals tue ich das! – Der Gerechte wird durch seinen Glauben leben!«

»Willst du dich etwa gerecht nennen, obgleich es doch keinen einzigen Gerechten gibt? Lies das Buch Hiob, dann wirst du es sehen! Und dein Glaube, der ist allzu seltsam, als daß du dich als einen Gerechten bezeichnen kannst!«

»Schick ihn hinab in den Keller zu Meister Mats! Soll man hier sitzen und sich dieses Gewäsch mit anhören müssen? Hinaus mit ihm!«

More zeigte auf die Tür, und Bainham ging hinaus.

»Tja«, sagte Wolsey, »was steht uns nicht alles noch bevor: Absonderung, Parteienstreit, Kampf! – Hätten wir bloß einen Thronfolger!«

»Aber wir können doch wohl auch nicht in eine Scheidung des Königs einwilligen!«

»Da du das Wort ausgesprochen hast: nun ... er braucht sich nicht scheiden zu lassen, seine Ehe ist nämlich ungültig!«

»Ist sie das? Wo steht das geschrieben?«

»Im dritten Buch Mose, Kapitel zwanzig, Vers einundzwanzig: ›Wenn jemand seines Bruders Weib nimmt, das ist eine schändliche Tat ...‹«

»Ja, aber im fünften Buch Mose, Kapitel fünfundzwanzig, Vers fünf, steht, es ist geboten ...«

»Was – in Jesu Namen – sagst du da?«

»Ganz sicher – es heißt da: ›Wenn Brüder beieinander wohnen und einer stirbt ohne Kinder, so soll des Verstorbenen Weib nicht einen fremden Mann draußen nehmen; sondern ihr Schwager soll sich zu ihr tun und sie zum Weibe nehmen und sie ehelichen.‹«

»O Kreuz, in Herrn Jesu Namen! Dieses überaus gesegnete Buch!«

»Und außerdem: Abraham war mit seiner Halbschwester verheiratet, Jakob mit zwei Schwestern, der Vater des Moses mit seiner Tante ...«

»Das ist die Bibel! Nein, danke! Da ziehe ich aber die Dekrete und Konzilien vor! Der Papst soll das Band lösen!«

»Soll es denn gelöst werden?«

»Du weißt es nicht? Tja, es soll gelöst werden! Und wenn Julius II. Dispens zur Ehe erteilen konnte, so kann Clemens VII. die Ehe auch auflösen.«

»Das ist nicht recht gegenüber der Königin!«

»Aber das Land verlangt es, das Reich, die Nation! Das Gewissen des Königs ...«

»Ach ja, ist es die schöne Anna?«

»O nein, die nicht!«

»Ist es ...«

»Frage bitte nicht weiter!«

»So will ich antworten: Margarethe von Valois.«

»Darauf möchte ich nichts erwidern; ich übernehme aber auch nicht die Verantwortung für dein Leben, falls du zur Unzeit sprichst! – Indessen, da taugt also die Bibel nicht mehr für diese Sache hier!«

»Es wäre eine nötige Reform, wenn wir das Alte Testament ganz streichen könnten, weil es ein Judenbuch ist.«

»Wir können ja wohl nicht gut die Psalmen Davids wegstreichen, einzig aus ihnen sind ja unsere Kirchenlieder gebildet! Selbst Luther hat ja seine Gesänge aus dem Psalter genommen, und ›Ein' feste Burg ist unser Gott‹ stammt aus den Sprüchen Salomonis. Die Melodie hat er sich aus dem Graduale Romanum herausgefischt.«

»Aber wir müßten das Gesetz des Moses als apokryph abschaffen, andernfalls sind wir ja Pharisäer und Judenchristen. Was haben wir mit der Beschneidung, dem Passahfest und mit der Schwägerehe zu tun? Warte es ab, bis ich erst Papst bin! ...«

»Müssen wir eigentlich tatsächlich so lange warten?«

»Ah, schäme dich! – Es läutet zum Mittag! Laß uns unsere Pflichten nicht versäumen! Das Fleisch verlangt das Seine, sonst brennt es. Fahr mit mir nach Westminster, dann kannst du von da aus später nach Chelsea zurückgehen.«

Heinrich VIII. war zwölf Jahre alt, als er mit der Witwe seines Bruders Arthur verlobt wurde. Mit vierzehn Jahren protestierte er gegen diese Ehe, die ihm widerstrebte, doch mit achtzehn heiratete er Katharina, die Tante Kaiser Karls V.

Gern wollte der Kardinal Wolsey die Scheidung des Königs durchsetzen, denn er wünschte einen Thronerben, um weiter an der Macht bleiben zu können, welche er in einem solchen Maße mißbrauchte, daß das Parlament beinahe in Vergessenheit geraten war. Den König wollte er mit einer mächtigen Prinzessin verheiraten, und eine Zeitlang reflektierte er auf Margarethe von Valois; doch unter keinen Umständen wollte er eines der einheimischen Geschlechter mit dem Herrscherhaus verkuppeln. Nachdem er jedoch das Gewissen des Königs wachgerufen hatte, da war durch ihn ein Sturm entfesselt worden, den er nicht mehr zu besänftigen vermochte. Noch weniger konnte er ihn in die von ihm gewünschte Richtung lenken, denn die Leidenschaft des Königs für Anna Bullen war jetzt unüberwindlich. Und da mußte der Kardinal seine Zuflucht zu einem falschen Spiel nehmen, und danach kam er zu Fall.

Sechs Jahre lang wurde verhandelt, und der König blieb seiner Geliebten treu. Er schrieb Briefe an sie, welche man noch heute nachlesen kann und die eine große und ehrliche Liebe verraten. Meist waren die Briefe so unterzeichnet: ›Henry Tudor, Rex, Euer treuer und beharrlicher Diener‹, und sie begannen mit den Worten: ›Meine Gebieterin und Freundin!‹ Anna gab eine ablehnende Antwort, doch ihre Liebe zu Percy wurde dadurch zerschnitten, daß man ihn mit einer anderen verheiratete.

Nachdem alle gelehrten Fakultäten gehört worden waren und man sich wegen des fünften und dritten Buchs Mose lange herumgestritten hatte, entsandte der Papst einen Nuntius mit dem heimlichen Auftrag, die ganze Angelegenheit durch Verschleppen aus der Welt zu schaffen. Doch Heinrich ließ nicht locker, obwohl er wegen seiner Gefühle für Katharina, welche er sehr schätzte, furchtbare Kämpfe ausfocht. Endlich wurde der Prozeß im Kapitelsaal zu Blackfriars in Gegenwart des Königs und der Königin eröffnet. Aber Katharina sprang auf und warf sich dem König zu Füßen, wobei sie so zu ihm redete, daß der Tyrann gerührt wurde. Dann lehnte sie den Gerichtshof wegen Befangenheit ab, appellierte an den Papst und wandte sich zurück nach Bridewell, wo wir sie auch in Shakespeares Stück ›Heinrich VIII.‹ wiederfinden, wie sie sich in ihrer Trauer das herrliche Lied vorsingen läßt: ›Orpheus' Laute hieß die Wipfel, / Wüster Berge kalte Gipfel, / Niedersteigen, wenn er sang ...‹, und so weiter.

Nun hatte sich der Prozeß schon ein paar Jahre hingezogen, und die Stimmung für den König und die Königin war wiederholt umgeschlagen; oft hatte man auch mit beiden Mitleid bekundet. Da kam plötzlich das Gerücht auf, die Pest sei ausgebrochen.

Doch es war nicht mehr der Schwarze Tod oder die Beulenpest, sondern es war der ›englische Schweiß‹. Diese bislang unbekannte Krankheit war erstmalig im selben Jahr ausgebrochen, als die Kämpfe der Rosen bei Bosworth ihr Ende gefunden hatten. Sie blieb indessen so strikt auf England beschränkt, daß sie nicht einmal nach Schottland oder Irland übergriff. Und sie war mit dem englischen Blut so sehr verbunden, daß in Calais lediglich Engländer von ihr betroffen waren, aber keine Franzosen. Nach dieser Zeit war die Krankheit noch zweimal zurückgekehrt, hatte sich jedoch immer nur an den englischen Volksstamm gehalten. Doch diesmal kam sie wieder und wütete in London.

Der König, welcher gesagt hatte, ›niemand anderer als Gott vermöge ihn von Anna zu trennen‹, erschrak furchtbar und wußte nicht mehr, was er denken sollte, ob dies eine Warnung oder eine Prüfung sei.

Die Krankheit äußerte sich in Schweißausbrüchen und Schlafsucht, und wenn man dieser Schlafsucht nachgab, so konnte man binnen dreier Stunden tot sein. In London starben die Einwohner wie die Fliegen. Thomas More verlor seine Tochter, der Kardinal, der in die Stadt gekommen war, um im Hampton Court den

Vorsitz zu führen, ließ wieder anspannen und floh Hals über Kopf aus den Mauern der Stadt.

Dann wurde eine der Hofdamen Annas von der Krankheit erfaßt, und nun verlor der König alle Besinnung, schickte Anna nach Hause zu ihrem Vater und floh selbst von Ort zu Ort, von Waltham nach Hunsdon. Und darauf versöhnte er sich mit Katharina, hauste ohne Diener in einem Turm, ließ sein Testament aufsetzen und war bereit zum Sterben. Sodann kam die Mitteilung, auch Anna sei von der Krankheit befallen. Der König hatte seine Kammerherren verloren und verfaßte nun Briefe auf Briefe. Endlich floh er wieder nach Hatfield und Tittenhanger …

Indessen, Anna wurde wieder gesund, die Pest hörte auf, und Heinrich fing wieder aufs neue den Prozeß an.

Der Kardinal und der Nuntius versuchten allerlei Kniffe, und in dem sechsten Jahre verlor der König die Geduld. Nun hatte er auch den Mann gefunden, welchen er benötigte, denn Thomas More hatte sich geweigert, die Ehe mit Katharina für ungültig zu erklären. Dieser neue Mann war Thomas Cranmer, der den Papst und die Mönche haßte und von einem freien England träumte, frei von Rom.

Der König und sein neuer Freund arbeiteten insgeheim an einer Sache, die Kardinal Wolsey nicht kannte, und eines Tages waren alle Vorarbeiten erledigt, die Papiere fertig, und die Mine ging hoch.

Vom Tower legte die Galeere des Königs ab, und sie war keineswegs so prächtig, wie die des Kardinals seinerzeit gewesen war. Neben dem König saß Cranmer.

»Nicht mehr, nicht mehr will ich in diesem Tower schlafen!« sagte der König. »Jetzt will ich umziehen, Thomas! Das hier ist meine Umzugsfuhre! – Und ich gehe nach Whitehall, denn so soll von nun an York Palace heißen! Einerseits, weil ich als ein Lancaster dieses York hasse, andrerseits auch, weil meine weiße Rose in diesem Schloß wohnen soll! – Nun sollst du im Turm sitzen, mein Höllenhund! Man denke: sechs Jahre lang hat mich dieser Satan von Kardinal betrogen! Ah, welche Leiden hat sein falsches Spiel mir gebracht! – Sechs Jahre! – Und ich habe diesen Mann immer gehaßt, doch ich habe ihn gebraucht, denn er war geschickt!«

Der König warf einen Blick hinüber zum Nordufer der Themse:

»Und ich habe in einer Stadt gewohnt, welche gar nicht mir gehörte; ein Drittel ist im Besitz Roms. Wie ein Bettler habe ich gehaust, doch nun – ist London mein! Temple, Saint James, Whitehall, Westminster, um damit zu beginnen ... und sodann das andere!«

Die Galeere legte vor York Palace an, und der König schritt mit seinen Landsknechten hinein, ohne das Losungswort zu nennen oder die Fragen der Kammerherren zu beantworten. Sodann trat er geradenwegs in das Zimmer des Kardinals und legte ihm ein paar Briefe vor.

»Lies! Du Schlange! Deine falschen Briefe, die du hinter meinem Rücken geschrieben hast!«

Das Gesicht des Kardinals wurde um die Hälfte kleiner und ähnelte dem eines Totenschädels. Doch er fiel nicht auf die Knie, sondern erhob zum letztenmal das Haupt:

»Ich werde mich an den Papst wenden!« sagte er.

»Es gibt in England keinen Papst mehr! Doch: der Papst, der bin ich! Und daher bist du auch nicht länger ein Kardinal! Und deshalb habe ich mir selbst Dispens erteilt. Und deshalb habe ich mich gestern mit Anna Bullen trauen lassen! In ein paar Tagen werde ich sie krönen, und dann werden wir hier wohnen! Hier! Du aber wirst dann im Tower wohnen! Raus mit dir, ehe ich dich hinausschmeiße!«

Damit war England frei; ein Drittel von London, welches den Mönchen gehört hatte, fiel an die Krone zurück; und das setzte sich über das ganze Land fort.

Der König hatte seine geliebte Anna bekommen. Doch nach drei Jahren wurde ihr der Kopf abgeschlagen, denn sie hatte die Ehre des Königs verletzt, indem sie junge Herren in ihrem Privatgemach empfangen hatte.

Danach feierte der König noch viermal Hochzeit. Kardinal

Wolsey glückte es zu sterben, ehe er auf das Schafott kam. Thomas More wurde tatsächlich enthauptet. Cranmer endete auf dem Scheiterhaufen, und Cromwell, der zuerst Wolsey verteidigt hatte, später jedoch zum ›Totschlaghammer der Mönche‹ wurde, beendete schließlich seine Tage ebenfalls auf dem Schafott.

All dieses scheint sehr verwickelt und betrüblich zu sein, aber trotzdem ging aus diesen Wirrnissen ein freies, selbständiges und mächtiges England hervor, so daß England, als sich die Deutschen mit Hilfe des Dreißigjährigen Krieges von Rom befreien wollten, bereits mit seinem Werk fertig war.

DER GROSSE

Am Südufer des Finnischen Meerbusens lag das kleine Dorf Strelna, etwa in der Mitte zwischen Petersburg und dem noch im Bau befindlichen Peterhof. Am Ende des Dorfes, am Bach Strelka, stand ein einfaches Landhaus, rot und grün bemalt, unter Eichen und Kiefern. Die Fensterläden waren noch geschlossen, denn es war erst vier Uhr an einem Sommermorgen.

Die Finnische Bucht glänzte blank während des Sonnenaufgangs, und eine holländische Kogge, die in den Hafen zur Admiralität hatte einfahren wollen, jedoch nicht weiter als bis zur Höhe von Strelna gekommen war, holte soeben ihre Segel ein und ging vor Anker. Auf dem Großtopp führte sie die Flagge, die aber flatterte nicht im Wind.

Neben dem rotgrünen Landhaus stand eine uralte Linde, deren Stamm sich nach oben hin gabelte, und in der Gabelung war ein Holzboden mit einem Geländer angebracht, und zu dieser Laube führte eine kleine Treppe hinauf.

Zu dieser frühen Morgenstunde saß ein Mann dort oben im Baum vor einem roh behauenen wackligen Tisch und schrieb Briefe. Der Tisch war mit Papieren überladen, doch es war auch noch Platz für eine Standuhr ohne Glas, einen Kompaß, ein Zirkelbesteck und eine große Handglocke aus Bronze.

Der Mann saß in Hemdsärmeln da. Er hatte umgekrempelte, gestopfte Strümpfe und grobe Schuhe an. Sein Kopf schien unglaublich groß zu sein; aber er war gar nicht so groß; er hatte den Nacken eines Stiers und den Körper eines Riesen. Seine Hand, welche jetzt die Feder führte, war grobschlächtig und voller Teerflecke. Sie bewegte sich unbeholfen, schrieb die Zeilen schief, aber schnell.

Es waren kurze, sachliche Briefe, die keine Einleitung und keinen Abschluß hatten, und sie wurden unterzeichnet mit

›Pe-ter‹, in zwei Teilen, als sei der Name unter der schwerfälligen Hand entzweigegangen.

Es mochte wohl eine Million Menschen mit diesem Namen im Russischen Reich geben, doch dieser Peter war der einzige, welcher galt, und für jeden war diese Unterschrift unverkennbar.

In der Linde summte es, das waren Bienen und Hummeln, und der kleine Bach Strelka brodelte wie ein Samowar. In all ihrer Herrlichkeit ging die Sonne auf, und ihr Glanz brach durch das Laub der Linde und warf helle Flecken auf das ungewöhnliche Antlitz eines der ungewöhnlichsten und am schwersten durchschaubaren Männer, die jemals gelebt haben.

Nun sah dieser Kopf mit dem kurzen Hals, dieser prächtige Kopf, wie der eines wilden Ebers aus, und wenn der Schreiber wie ein Schulbube am Gänsekiel sog und dabei Zähne und Zunge zeigte, sah er aus wie ein Löwe, der ein Wappenschild hält. Mitunter zog sich dieses Gesicht zusammen wie in furchtbarem Schmerz, wie bei einem Gefolterten oder Gekreuzigten. Doch dann nahm der Mann ein neues Stück Papier und begann einen weiteren Brief, und schon erhellte sich seine Stirn, sein Mund lächelte so sehr, daß die Augen verschwanden, und der Schreckliche sah plötzlich schelmisch aus.

Ein neues Stück Papier; und diesmal wurde es ein kleines Billett, offenbar an eine Dame; und nun nahm dieses Gesicht die Maske eines Satyrs an, löste sich in dekorative Linien auf, und schließlich explodierte es förmlich: ein Lachanfall folgte, der ganz und gar zynisch war.

Die Morgenkorrespondenz war beendet, und der Zar hatte fünfzig Briefe geschrieben. Er ließ sie offen liegen, Katja, seine Frau, sollte sie zusammenfalten und siegeln.

Nun räkelte sich der Riese, erhob sich mit Mühe und warf einen Blick über die Bucht. Mit dem Fernrohr betrachtete er sein Petersburg und seine Flotte, das im Bau begriffene Kronstadt mit der Festung, und zuletzt entdeckte er die Kogge.

Wie ist die hineingekommen, ohne daß man Salut geschossen hat, dachte er. Und wie kann sie es wagen, direkt vor meinem Ankerplatz auf Reede zu gehen.

Er läutete die Handglocke, und sofort erschien ein Kammerdiener. Er kam aus einer Reihe von Zelten gelaufen, die hinter den Kiefern versteckt standen und in denen die Wachmannschaft und die Dienerschaft wohnte.

»Fünf Mann ins Boot, und hinaus und die Schute da aufbringen! Kannst du erkennen, was es für ein Landsmann ist?«

»Ein Holländer, Majestät.«

»Ein Holländer! Bringt mir den Kapitän her, tot oder lebendig, sofort! Auf der Stelle! – aber erst meinen Tee!«

»Im Haus schläft noch alles, allergnädigster Herr!«

»Dann weck sie, Rindvieh! Hau auf die Fensterläden, schlag an die Tür! Schlafen am hellichten Tag!«

Der Zar klingelte nochmals, und ein zweiter Diener wurde sichtbar.

»Bring mir den Tee! Und Branntwein! Viel Branntwein!«

Die Diener rannten los, im Haus ging das Wecken an, und der Zar vertrieb sich seinen Unmut, indem er auf Schiefer- und Schreibtafeln allerlei aufzeichnete. Als er vollends ungeduldig wurde, ging er hinunter und drosch mit seinem Stock gegen alle Fensterläden. Da vernahm man von innen eine Stimme:

»So warte doch!«

»Nein, nein! Das will ich nicht, ich bin nämlich nicht dazu geboren, auf etwas zu warten. Mach schon, sonst setz ich dir Feuer aufs Dach!«

Er ging in seine Gärten hinaus und warf einen Blick auf seine Heilpflanzen; riß Unkraut aus und goß hier und da; sodann schritt er in den Stall und beäugte seine Merinoschafe, die er selbst eingeführt hatte. Dort im Stall fand er auch eine zerbrochene Krippe; er holte Säge und Hobel und brachte sie wieder in Ordnung; danach warf er seinem Lieblingskutschpferd ein bißchen Hafer hin; wenn er nicht gerade zu Fuß ging, dann fuhr er mit dem Wagen. Das Reiten fand er für einen Seemann unangemessen, und der Zar wollte doch vor allen Dingen als ein Seemann in Erscheinung treten. Schließlich ging er in seine Werkstatt und trat ein wenig die Drehbank. Vor dem Fenster stand ein Tisch, auf welchem die Gerätschaften eines Kupferstechers lagen; er ergriff einen Stichel und zog ein paar Linien, die auf einer Karte noch gefehlt hatten. Soeben wollte er hinüber zur Schmiede gehen, als ihn von der Linde her eine weibliche Stimme anrief.

Oben im Baum wurde nun seine Frau, die Zarin, sichtbar, noch im Morgenrock. Sie war ein grobgliedriges Frauenzimmer mit großen Füßen; ihr Gesicht war dick und unschön, und ihre Augen saßen nicht richtig in den Höhlungen, sondern quollen gleichsam aus ihnen hervor.

»Wie früh du heute auf den Beinen bist, Väterchen!« begrüßte ihn die Kaiserin.

»Ist es denn früh? Es ist doch schon sechs!«

»Es ist erst fünf.«

Der Zar blickte auf seine Uhr.

»Fünf? Dann wird es gleich sechs sein!«

Damit drehte er den Zeiger der Uhr eine Stunde weiter. Die Zarin lächelte bloß ein wenig nachsichtig, aber nicht spöttisch, denn sie wußte, wie gefährlich es war, ihren Mann zu reizen. Und darauf servierte sie den Tee.

»Da hast du Beschäftigung!« sagte Peter und wies auf die Briefe.

»Das sind ja viele Stücke, wahrhaftig!«

»Sind es zu viele, so kann ich behilflich sein.«

Die Zarin erwiderte nichts, sondern fing an, die Briefe durchzusehen. Der Zar sah das sehr gern, denn so bekam er immer Gelegenheit zu Streit, und er wollte stets streiten, um seine Kräfte in Bewegung zu halten.

»Entschuldige, Peter, aber ist es recht, daß du dich wegen dieser holländischen Schiffe an die schwedische Regierung hältst?«

»Ja, das ist recht! Alles, was ich mache, ist rechtens!«

»Das begreife ich nicht! Unsere Russen schießen aus Mißverständnis auf friedliche holländische Schiffe, du aber forderst dafür Schadenersatz von den Schweden, weil das Unglück in ihren Hoheitsgewässern geschehen sei …«

»Tja, nach dem Römischen Recht muß ein Verbrechen in dem Land gesühnt werden, in welchem es begangen worden ist …«

»Ja, aber ...«

»Spielt gar keine Rolle! Wer bezahlen kann, hat zu bezahlen! Ich kann es nicht, und die Holländer wollen es nicht, also müssen es die Schweden tun! Begreifst du das?«

»Nein!«

»Ja sieh: diese Schweden haben die Türken auf mich gehetzt; und da müssen sie eben bezahlen!«

»Mag sein! Doch wieso schreibst du so unfreundlich an die holländische Regierung? Du, der du die Holländer geradezu liebst!«

»Wieso? Weil Holland nach dem Frieden von Utrecht auf dem absteigenden Ast ist. Mit Holland geht es zu Ende! Also, auf den Kehrichthaufen mit dieser Republik! Jetzt kommt England an die Reihe, und mit England halte ich es; es geht nämlich auch mit Frankreich bergab!«

»Soll man seine alten Freunde verlassen?«

»Ja, sicherlich, wenn sie nämlich nicht mehr länger taugen ... Übrigens: niemals Freundschaft in der Liebe und der Politik! Meinst du etwa, ich liebe diesen Widerling, diesen August von Polen? Nein, das meinst du nicht! Doch ich muß mit ihm zusammen marschieren, um meines Landes willen, um Rußlands willen! Wer seine kleinen Schwächen nicht und seine Leidenschaften nicht dem Vaterland opfern kann, der wird ein Don Quichotte wie Karl der Zwölfte! Dieser Wirrkopf hat mit seinem sinnlosen Haß gegen August und mich an Schwedens Untergang und an Rußlands zukünftigem Aufstieg gearbeitet. Daß aber dieser Christenhund die Türken auf uns gehetzt hat, das war ein Verbrechen an Europa, denn Europa benötigt sein Rußland gegen Asien. Haben hier nicht zweihundert Jahre die Mongolen gesessen und uns bedroht? Und nachdem unsere Vorfahren sie endlich davongejagt hatten, kommt so ein Ritter an und lockt diese Heiden aus Konstantinopel herbei! Die Mongolen standen ja schon einmal in Schlesien, und sie hätten das Abendland verwüstet, wenn wir Russen es nicht gerettet hätten! Karl der Zwölfte ist jetzt tot, doch ich verdamme sein Andenken, und ich verfluche jeden, der es versucht, mich an meinem löblichen Vorhaben zu hindern, Rußland, welches bislang Westasien war, zum östlichen Europa zu machen, und ich werde jeden vernichten, wer es auch sein mag, der mein Werk antastet, und wäre es sogar mein eigener Sohn!«

Hier wurde es still. Die letzten Worte hatten die peinliche Frage nach Alexej, dem Sohn Peters aus der ersten Ehe, berührt, der nun als Gefangener in der Peter-Pauls-Festung saß und auf sein Todesurteil harrte, überführt, der Arbeit seines Vaters, welche der Zivilisierung Rußlands galt, entgegengewirkt zu haben, und er stand in dem Verdacht, an Aufruhrversuchen teilgenommen zu haben. Eudoxia, die geschiedene Frau des Zaren, war in dem Kloster Susdal eingesperrt.

Katharina liebte Alexej natürlich nicht, denn er stand ihren eigenen Kindern im Wege, und sie sah es sicher gern, wenn er starb; doch an seinem Tod wollte sie nicht schuld sein. Und da Peter ebenfalls nicht die Schuld auf sich nehmen wollte, hatte er einen Gerichtshof von 127 Männern ins Leben gerufen, um den Sohn abzuurteilen.

Über diese Angelegenheit wurde daher nicht gern gesprochen, und so unterbrach Peter mit seiner sagenhaften Fähigkeit, Gedanken und Gefühle zu wechseln, das Schweigen mit der banalen Frage:

»Wo ist der Branntwein?«

»So früh bekommst du keinen Branntwein, mein Bürschchen!«

»Katharina!« sagte Zar Peter mit einer gewissen Betonung, und in seinem Gesicht begann es zu zucken.

»Bleib ruhig, Löwe!« erwiderte seine Frau und strich über seine schwarze Mähne, die sich gesträubt hatte. Und aus einem Korb holte sie eine Flasche und ein Glas hervor.

Der Löwe wurde heiterer, goß den starken Trank in sich hinein und streichelte den gewaltigen Busen seiner Gattin.

»Möchtest du die Kinder sehen?« fragte Katharina, die ihn in eine mildere Stimmung versetzen wollte.

»Nein, heute nicht. Gestern haben sie Schläge gekriegt, und sie sollen sich nicht einbilden, daß ich ihnen nachrenne. Halte sie von dir fern, auf Abstand und unter dir, sonst kommen sie über dich!«

Wie in Gedanken hatte Katharina das letzte Billett genommen und zu lesen begonnen. Nun errötete sie und zerriß den Brief:

»Du sollst nicht an diese Schauspielerinnen schreiben! Das ist eine zu große Ehre für sie, und uns bringt es Schande!«

Der Zar lächelte und wurde keineswegs böse; er hatte nämlich gar nicht daran gedacht, diesen Brief abzusenden; er hatte ihn nur hingeschmiert, um seine Frau zu necken, doch vielleicht auch, um damit zu prahlen.

Unten im Sand hörte man jetzt Schritte.

»Sieh an, da haben wir meinen Freund, diesen Schurken!«

»Still«, warnte Katharina, »Mentschikow ist dein Freund!«

»Ja, ein feiner Freund! Wegen Diebstahl und Betrug habe ich ihn einmal zum Tode verurteilt, aber trotzdem lebt er noch, dank deiner Freundschaft ...«

»Psst!«

Mentschikow, ein großer Soldat, ein tüchtiger Staatsmann, Günstling, unentbehrlich, steinreich, aus dessen Haus der Zar seine Katharina geholt hatte, stürzte eilends die Holztreppe hinauf. Er war ein schöner Mann, der das Aussehen eines Franzosen hatte; er trug eine glänzende Kleidung und zeigte vornehmes Benehmen.

Nachdem er den Zaren zeremoniell begrüßt hatte, küßte er Katharina die Hand.

»Nun sind sie wieder da!« fing er an.

»Die Strelitzen? Habe ich sie nicht alle ausgerottet auf dieser Erde?«

»Die wachsen immer wieder, wie die Drachensaat, und jetzt möchten sie Alexej befreien!«

»Weißt du etwas Genaueres?«

»Die Verschworenen kommen heute gegen Abend um halb sechs zusammen.«

»Wo?«

»Auf der Uferpromenade, Nummer vierzehn, zu einem vorgeblichen gemeinsamen Essen ...«

›Ufer … Nummer vierzehn …‹, schrieb der Zar auf ein Stück Papier. »Was weiter?«

»Und in dieser Nacht, um zwei Uhr, setzen sie die Stadt in Brand.«

»Um zwei Uhr?«

Der Zar schüttelte den Kopf, und in seinem Gesicht zuckte es. »Ich baue etwas, und sie reißen es ein; aber ich werde sie jetzt ausreißen, mit allen Wurzeln! Was sagen sie denn?«

»Sie schauen nach rückwärts auf das Heilige Moskau und halten Petersburg für eine Gottlosigkeit oder eine böse Tat. Die Arbeiter sterben wie die Fliegen am Sumpffieber. Und daß du, der Zar, mitten im Morast baust, das halten sie für eine Prahlerei à la Louis XIV., der Versailles auf einem Moorgebiet anlegen ließ.«

»Diese Esel! Meine Stadt soll das Schloß für die Flußmündung und der Schlüssel für den Hafen sein, daher kann sie nur hier liegen, und im Sumpf sollen Kanäle entstehen, auf denen Schiffe fahren können wie in Amsterdam! Doch so geht es zu, wenn Affen was zu sagen haben!«

Er klingelte, und ein Diener tauchte auf.

»Spann das Kabriolett an!« schrie er ihm von oben zu. »Und jetzt leb wohl, Katharina, ich komme vor morgen nicht wieder heim; es wird ein heißer Tag werden, aber … aber vergiß nicht die Briefe! Alexander soll dir helfen!«

»Möchtest du dich nicht fertig anziehen, mein Söhnchen?« erwiderte die Zarin.

»Anziehen? Ich habe ja den Säbel!«

»Nimm wenigstens den Rock!«

Der Zar zog sich den Rock über, schnallte den Leibriemen, an welchem der Säbel baumelte, um einige Löcher enger, ergriff seinen Stock und sprang mit einem Tigersatz vom Baum herab.

»Mag es denn also geschehen!« flüsterte Mentschikow Katharina zu.

»Du hast doch nicht etwa gelogen, Alexander?«

»Ein wenig lügen – das ziert die Rede! Die Hauptsache ist erreicht; und morgen, Katharina, wirst du mit deinen Thronfolgern ruhig im Kinderzimmer schlafen!«

»Könnte es ihm auch mißglücken?«
»Nein! Ihm mißlingt niemals etwas!«

Der Zar rannte zum Meeresstrand hinab; er ging nämlich nie, sondern lief stets. ›Das Leben rauscht vorbei‹, pflegte er zu sagen, ›und wir haben viel zu bestellen!‹

Als er die Düne erreichte, traf er auf ein soeben landendes Boot. Fünf Mann und der holländische Gefangene saßen darin. Letzterer hockte ruhig am Steuer und schmauchte seine Pfeife. Als er den Zaren sah, riß er die Mütze ab, warf sie in die Luft und schrie Hurra!

Zar Peter beschattete mit der Hand die Augen, und als er seinen alten Lehrer und Freund Jaen Scheerborck aus Amsterdam wiedererkannt hatte, sprang er, ohne auf die Schultern und Knie der Ruderer Rücksicht zu nehmen, ins Boot, riß Jaen in seine Arme und küßte ihn so heftig, daß die Tabakspfeife zerbrach und Feuer und Rauch Jaens langen, grauen Bart einhüllten.

Dann hob er den Alten empor und trug ihn in seinen Armen wie ein Kind ans Ufer.

»Endlich, du alter Schalksnarr, habe ich dich hier bei mir! Jetzt sollst du dir meine Stadt und meine Flotte ansehen, die ich selbst aufgebaut habe ... ja, du hast es mir ja beigebracht! – Bringt das Kabriolett her, Kerls! Einen Dregg aus dem Boot! Wir müssen los und lavieren! Rasch!«

»Mein Herzensfreund!« rief der Alte und zupfte sich die Tabaksasche aus seinem Bart. »Daß ich den Zimmermannszaren noch zu sehen kriege, bevor ich sterbe ... ich glaube, ich fahr zur Hölle ...«

»Steig herauf auf den Kutschwagen, Alter! Hängt den Dregg hintenüber, Kerls! Wo du sitzen sollst? Na, auf meinen Knien!«

Auf dem Kabriolett war lediglich Platz für eine Person; der Kapitän mußte tatsächlich auf den Knien des Zaren sitzen. Drei Pferde in einer Reihe waren vorgespannt, und ein viertes lief neben dem ersten.

Die Peitsche knallte, und der Zar tat so, als sei er auf See.

»Guter Wind, wie? Zwölf Knoten! Holt die Schot ein! So ist's recht, so ist's recht!«

Ein Holzgatter wurde sichtbar, und der Schiffer, der die wilden Manöver des Zaren kannte, aber auch dessen Geschicklichkeit, rief ihm zu:

»Holzgatter voraus! Stoppt!«

Doch der Zar, der bei dem alten Freund aus vergangener Zeit seine eigene Jugend wiedergefunden hatte und in seiner unverwüstlichen Jungenhaftigkeit Späße und Gefahren liebte, hieb auf die Pferde ein, pfiff und kommandierte:

»Volle Fahrt! Am Wind bleiben! Zieht an! So, ja! Klar zur Aktion! Ho, ja! Zieht!«

Das Holzgatter wurde überwunden, es krachte auseinander, und der Alte auf den Knien des Zaren hüpfte förmlich auf und nieder vor Lachen.

So ging es vorwärts, den Strand entlang. Die Wachen am Stadttor schulterten das Gewehr und salutierten; auf den Straßen brüllte man Hurra, und als sie bei der Admiralität vorfuhren, da wurden die Rahen der Schiffe bemannt. Kanonenschüsse donnerten. Doch der Zar, der entweder glaubte oder so tat, als sei er auf See, kommandierte:

»Anker werfen!«

Dabei warf er den Dregg so gegen eine Mauer, daß er sich an einem Fackelhalter verfing, welcher sich verbog, aber nicht abbrach. Doch die Gäule, die noch in vollem Lauf waren, wurden zu Boden gerissen und sanken auf die Knie. Der erste im Gespann erhob sich nicht mehr; er war nach dem harten Aufprall am Gattertor und der wilden Fahrt verendet.

Drei Stunden später, nachdem sie Flotte und Werft besichtigt hatten, saßen der Zar und Jaen Scheerborck in einer Seemannskneipe. Das Kabriolett stand draußen und war am Strohdach verankert.

Branntwein stand auf dem Tisch, und die Pfeifen qualmten. Die beiden Freunde hatten über ernste Angelegenheiten gesprochen; der Zar hatte sechs Besuche gemacht, darunter einen sehr wichtigen in der Generalität. Und von diesem Besuch war er sehr aufgeregt zu dem wartenden Schiffer zurückgekehrt. Doch dank seiner unglaublichen Fähigkeit, Unangenehmes abzuschütteln und die Stimmungen zu wechseln, hatte er jetzt eine strahlende Laune.

»Du willst wissen, woher ich die Bewohner für meine Stadt hole? Nun, zuerst habe ich 50 000 Arbeiter hergebracht, und das war der Grundstock. Dann habe ich allen Beamten, Pfaffen und Grundbesitzern befohlen, hier ein Haus zu bauen; jeder soll eins bauen! Ob er hier wohnen will oder nicht! Nun also sind es bereits hunderttausend! – Ich weiß, sie zerreißen sich das Maul und sagen, ich baute Städte, wohnte aber selber nicht darin! Nein, ich baue nicht für mich, sondern für die Russen. Moskau hasse ich, denn da stinkt es nach dem Tataren-Khan. Am liebsten hause ich auf dem flachen Lande, und das geht keinem was an! – Trink nun, alter Freund! Wir haben noch den ganzen Tag vor uns, bis fünf! Dann müssen wir wieder nüchtern sein!«

Der Alte trank vorsichtig und wußte nicht recht, wie er sich in so vornehmer Gesellschaft verhalten sollte, die doch so matrosenhaft war.

»Na, erzähl mir die Geschichten, was die Leute so über uns sagen, du kennst wohl eine ganze Menge, du, Jaen!«

»Ich kenne sie wohl, aber es geht niemals an, daß ich ...«

»Schön, dann will ich was erzählen!« sagte Peter. »Kennst du die vom Zirkel und vom Käse? – Nicht? Also, hör zu: Der Zar ist so geizig, daß er stets ein Zirkelbesteck in seiner Tasche trägt. Mit dem Zirkel mißt er am Käse nach, ob man nach der letzten Mahlzeit was gestohlen hat. Die ist gut, wie? ... Oder die hier: Der Zar hat einen Säufer-Klub. Einst sollte mal richtig gefeiert werden, und da wurden die Gäste drei Tage lang zum Saufen eingesperrt. Jeder Gast hatte hinter sich eine Ruhebank; darauf konnte er seinen Rausch ausschlafen, aber daneben standen zwei Fässer: das eine mit Proviant für drei Tage, das andere aber leer: es diente einem geheimen Zweck, du verstehst ...«

»Nein, das ist ja allzu grob und toll ...«

»An solchen Sachen hat man seinen Spaß in Petersburg ...

Hast du nicht gehört, daß ich auch Zähne ziehe? In meinem Schloß soll es einen ganzen Sack voll Zähne geben! Und ich führe auch Operationen im Spital durch: neulich soll ich einer Wassersüchtigen soviel Wasser abgezapft haben, daß sie dran gestorben ist ...«

»Glauben die Leute denn das alles?«

»Ja, gewiß, beim Teufel! Sie glauben es! Die sind noch so dumm, siehst du, doch ich will ihnen ihre Eselsohren abschneiden und ihnen ihre Schandmäuler versengen ...«

Seine Augen begannen zu funkeln, und man sah förmlich, wohin seine Gedanken flogen. Doch so offenherzig er sich auch gab, er schien dennoch einen Sperrhaken in sich zu tragen, und selbst im Rausch offenbarte er nur seine kleinen Geheimnisse, während er die großen für sich behielt.

Jetzt trat ein Adjutant ein und wisperte dem Zaren etwas zu.

»Auf den Schlag fünf Uhr!« antwortete der Zar mit lauter Stimme. »Sechzig Grenadiere mit scharf geladenen Gewehren und Hirschfängern! Adieu!«

»Tja, du, Jaen ...«, fuhr der Zar fort, und es war ein großer Gedankensprung, »ich möchte dir deine Webstühle abkaufen, doch ich gebe nicht mehr als fünfzig Rubel pro Stück ...«

»Sechzig, sechzig ...«

»Du Satansbraten! Du Holländer! Du Knauser! Wenn ich dir fünfzig anbiete, so ist das eine Ehre für dich ... ja, das ist es!«

Die Wut stieg in ihm hoch, doch sie kam verspätet und stand mit der Meldung des Adjutanten und nicht mit den Webstühlen in Zusammenhang. Doch es kochte im Topf, und der Deckel mußte abspringen.

»Ihr widerlichen Gewürzkrämer, ihr könnt nur die Leute schinden! Ihr schindet sie! Aber eure Zeit ist vorbei! Jetzt kommen die Engländer, und die sind ein anderer Menschenschlag!«

Der Schiffer Jaen zog ein schiefes Gesicht, und das brachte den Zaren noch mehr auf. Doch er konnte seinem alten Freund nicht böse werden; er wollte dessen Gesellschaft genießen, und daher suchte er sich auf andere Art abzulenken.

»Wirt!« schrie er. »Champagner her!«

Der Wirt kam herein, fiel auf die Knie und bat um Gnade, weil er das teure Getränk nicht auf Lager habe.

Dieses überflüssige Wort ›Lager‹ konnte ironisch oder spöttisch gemeint sein, war es indessen nicht. Dem Zaren war es willkommen, denn nun konnte der Stock in Aktion treten.

»Du hast gar keinen Lagerkeller, du Schuft! Willst du mir einreden, daß eine Matrosenschenke ein Lager mit Schnäpsen haben muß ...«

Und nun tanzte der Stock. Doch als sich der Holländer mit mißbilligender Miene abwandte, geriet der Zar erst recht in Raserei. Es war eine Art Krankheit oder sein Naturell, das sich austoben mußte, und nun flog der Säbel aus der Scheide. Wie ein Wahnsinniger schlug der Zar alle Flaschen auf dem Schankbord entzwei, dann hieb er dem Tisch und den Stühlen die Beine ab und machte schließlich aus den Trümmern einen Scheiterhaufen, auf welchem er den Wirt lebendig verbrennen wollte.

Da öffnete sich eine Tür, und eine Frau mit einem kleinen Kind auf dem Arm wurde sichtbar. Als das Kind seinen Vater mit ausgestrecktem Hals auf der Erde liegen sah, fing es an zu schreien. Der Zar hielt inne, beruhigte sich, trat an die Frau heran und begrüßte sie.

»Seid ruhig, Mütterchen! Es passiert ihm nichts! Wir spielen bloß Matrosen!«

Und dann wandte er sich an den Wirt:

»Sende die Rechnung an den Fürsten Mentschikow, der bezahlt! – Aber wenn du mich übers Ohr haust, dann ... ja, ich verzeihe dir für diesmal! – Nun fahren wir los, Jaen! Holt den Anker ein und die Schot klar!«

Sodann kutschten sie in der Stadt umher, und der Zar rannte in Häuser hinein, kam wieder heraus, und so wurde es Mittag.

Sie hielten vor Mentschikows Palast an.

»Ist das Mittagessen fertig?« fragte der Zar vom Kutschwagen aus.

»Das Mittag ist bereit«, erwiderte ein Lakai.

»Ihr serviert für zwei! – Ist der Fürst zu Hause?«

»Der Fürst ist nicht zu Hause!«

»Na, macht nichts! Also, für zwei!«

Auf solche Weise pflegte der Zar seine Freunde zu bewirten, ob jemand zu Hause war oder nicht. Man erzählt, daß er einmal zweihundert solcher Gäste gewaltsam bewirten ließ, mit denen er herumgezogen war.

Nach dem glänzenden Diner trat der Zar in einen Salon und legte sich hin, um ein Weilchen zu schlafen. Der Schiffer war bereits am Tisch eingeschlafen.

Der Zar legte ans Kopfende neben sich die Uhr: er war imstande, wach zu werden, wann immer er es wollte.

Als Zar Peter erwacht war, schritt er hinüber in den Speiseraum und fand dort Jaen Scheerborck, am Tisch schlafend.

»Den da schafft weg!« befahl der Zar.

»Soll er denn nicht dableiben?« wagte ein Kammerherr, der ein Günstling war, einzuwenden.

»Nein, ich habe ihn satt ... man sollte den Menschen niemals mehr als einmal im Leben begegnen. Bringt ihn hinaus unter die Pumpe, auf daß er nüchtern wird! Und dann schafft ihn wieder auf sein Schiff!«

Und mit einem verächtlichen Blick rief er ihm zu:

»Du alter Saufkopf!«

Sodann tastete er nach dem Säbel: der aber saß fest, und so ging er hinaus.

Nach dem Schlaf war Peter wieder der Kaiser geworden: aufrecht, stolz und würdig, und er ging zur Strandpromenade hinunter, ernst und groß, wie zu einer Feldschlacht.

Als er die Nummer vierzehn gefunden hatte, trat er ohne Umschweife ein, denn er war sicher, daß seine sechzig Mann kommen würden. Rechts zu ebener Erde, zum Garten hin, standen alle Fenster offen, und da sah er die Verschworenen um einen langen Tisch herum sitzen, und sie tranken Wein. Er ging in den Saal. Viele seiner Freunde saßen dort, und das traf ihn ins Herz.

»Guten Tag, Kameraden!« grüßte er munter.

Die ganze Gesellschaft erhob sich wie ein Mann, und man wechselte Blicke und machte bedeutungsvolle Mienen.

»Sollen wir denn kein Glas bekommen, Kerls?«

Und Peter warf sich auf einen Stuhl. Doch im selben Augenblick sah er auf die Saaluhr, und sie zeigte erst halb fünf.

Um eine halbe Stunde war er zu früh gekommen. Entweder hatte er sich geirrt, oder die Uhr bei Mentschikow war vorgegangen.

Eine halbe Stunde! dachte er, aber in der nächsten Sekunde hatte er sein riesiges Glas geleert. Und nun begann er ein sehr populäres Soldatenlied zu singen, zu dem er sich begleitete, indem er mit dem Glas auf den Tisch klopfte.

Das Lied war verführerisch. Sie hatten es nach Poltawa als Sieger gesungen, nach ihm waren sie marschiert, es lenkte die Erinnerungen auf bessere, frohere Zeiten; und alle stimmten ein.

Die starke Persönlichkeit des Zaren, seine gewinnende, liebenswürdige Art, die er – wenn er wollte – zeigen konnte, all das nahm die Gesellschaft für ihn ein. Und nun löste ein Lied das andere ab, und das war eine Befreiung von der gefährlichen Beklemmung und zugleich die einzige Möglichkeit, Gespräche zu vermeiden.

Zwischen den Gesängen brachte der Zar hin und wieder ein Hoch aus, trank einem alten Freund zu oder erinnerte mit wenigen Worten an ein gemeinsames Erlebnis. Er wagte es nicht, zur Uhr zu sehen, um sich nicht zu verraten, aber die halbe Stunde wurde ihm unendlich lang mitten in der Mörderhöhle.

Mitunter sah er, wie zwei miteinander Blicke wechselten, und dann warf er ein scherzhaftes Wort hin, und der Faden war zerrissen. Er spielte um sein Leben, und er spielte gut, denn er verwirrte sie durch seine Munterkeit und Naivität, so daß sie nicht ahnen konnten, ob er etwas wußte, und mit dieser ihrer Unschlüssigkeit spielte er.

Schließlich hörte er Waffengeklirr draußen im Garten, und mit einem Satz war er zum Fenster hinaus.

»Massaker!« war sein einziges Kommandowort, und mit diesem Ruf begann das Blutbad.

Er selbst stand vor den Fenstern, und wenn jemand heraussprang, so schlug ihm der Zar den Kopf ab.

»All und jeder tot!« brüllte er, nachdem alles zu Ende war, und danach machte er sich auf den Weg zur Peter-Pauls-Festung.

Er wurde vom Kommandanten empfangen und forderte, zum Prinzen Alexej geführt zu werden, zu seinem einzigen lebenden Sohn aus erster Ehe, auf den er seine Hoffnungen gebaut hatte und damit auch die Hoffnungen auf Rußlands Zukunft.

Mit dem Schlüssel in der Hand blieb er vor der Zelle stehen, machte ein Kreuzzeichen und betete halblaut:

»Ewiger Gott, Herrscher der Heerscharen, Herr Zebaoth, der Du den Fürsten das Schwert in die Hand gegeben hast, um zu regieren und zu schützen, zu belohnen und zu bestrafen! Erleuchte den schwachen Verstand Deines Dieners, damit er nach Deinen Gesetzen handle! – – Du hast Abraham den Sohn abgefordert, und Abraham gehorchte; Du hast Deinen einzigen Sohn gekreuzigt, auf daß Du die Menschen erlöstest; nimm auch mein Opfer, Du Schrecklicher, wenn Du es von mir forderst! – – Aber nicht mein Wille geschehe, sondern der Deine, und laß diesen Kelch an mir vorübergehen, so Du es so willst! Amen, in Christi Namen, Amen!«

Dann betrat er die Zelle und blieb eine Stunde lang darin.

Als er wieder herauskam, sah er verweint aus, doch er sagte nichts, gab dem Kommandanten den Schlüssel zurück und ging davon.

Was an diesem Abend zwischen Vater und Sohn geschehen ist – darüber werden unterschiedliche Angaben gemacht.

Genug, Alexej wurde von den 127 Richtern zum Tode verurteilt, und alle Protokolle wurden gedruckt. Zu einer Vollstreckung des Urteils kam es indessen nicht, denn der Kronprinz starb vorher.

Gegen acht Uhr am selben Abend kehrte der Zar Peter in sein Landhaus zurück und suchte sogleich Katharina auf.

»Das Alte ist vergangen!« sagte er. »Jetzt beginnen wir mit dem Neuen – du, ich und die Unseren!«

Die Zarin stellte keine Fragen, denn sie hatte verstanden.

Doch der Zar war so müde und zerschlagen, daß sie einen Anfall befürchtete, dessen Vorzeichen sie nur allzugut kannte. Nur eine Art gab es, den Zaren zu beruhigen: die alte, gewöhnliche.

Sie setzte sich in die Ecke des Ruhesofas; er legte sich nieder, den Kopf an ihren mächtigen Busen gelehnt; sie strich ihm durchs Haar, bis er eingeschlafen war. Und drei Stunden lang mußte sie dann so unbeweglich sitzen.

Wie ein Riesenkind an einem Riesenbusen – so lag der große Streiter des Herrn da; und sein Gesicht wurde ganz klein: die zerzauste Mähne verdeckte die hohe Stirn; sein Mund stand offen; er schnaufte wie ein kleines Kind, das einschläft.

Als er schließlich erwachte, blickte er sich um, verwundert über die Lage, in der er sich befand. Sodann lächelte er, doch er bedankte sich nicht, und er war auch nicht zärtlich.

»Jetzt wollen wir Essen haben!« war das erste Wort, das er von sich gab. »Dann wollen wir trinken und ein großes Feuerwerk abbrennen! Das werde ich selbst unten am Strand anstecken – aber Jaen Scheerborck soll auch dabei sein!«

»Du hast diesen Jaen doch hinausgeschmissen!«

»Habe ich das? Er war besoffen, der Saukerl! Schickt sogleich nach ihm!«

»Du bist seltsam, Peter. Nicht zwei Minuten lang bist du der gleiche!«

»Nein, es soll auch niemals das gleiche sein! Das nämlich ist eintönig! Etwas Neues soll es sein! Und ich bin allzeit neu! Nicht wahr? Nie langweile ich dich mit einem ewigen Einerlei!«

Es geschah nun alles so, wie er es gesagt hatte: Jaen wurde wieder herbeigeholt, doch gefesselt; wegen der Wasserpumpe war er sehr wütend auf Peter, und er wollte nicht mitkommen. Doch als er dann da war, bekam er einen Kuß auf den Mund, und da war sein Ärger verflogen.

Man aß und trank, und alles endete wirklich mit einem großen Feuerwerk – das war das größte Vergnügen für den Zaren.

Und so ging dieser denkwürdige Tag zu Ende, welcher dem Hause Romanow die Thronfolge sicherte. Und solcher Art war der Mann, der sich selbst den Namen gegeben hatte: ›Der Große, Alleinherrscher, Kaiser aller Reußen‹.

Er war der Barbar, der sein Rußland zivilisierte; der Städte baute und selbst nicht in ihnen wohnen wollte; der seine eigene Gemahlin auspeitschte und doch den Frauen weitgehende Freiheiten gab. – Sein Leben war groß, reich und wohltuend für die Gesellschaft; und im Privaten war es, wie es sein konnte. Und er hatte auch einen schönen Tod: er starb nämlich an den Folgen einer Erkältung, die er sich zugezogen hatte, als er bei einem Schiffbruch Menschenleben rettete – er, der mit eigener Hand so vielen das Leben genommen hatte!

Monsieur Voltaire, Kammerherr Friedrichs des Großen, Inhaber des sehr geschätzten Ordens ›Pour le Mérite‹, Mitglied der Akademie und vieles andere, war zur Zeit bereits im dritten Jahr Gast in Sanssouci bei Potsdam. In dem Flügel des Schlosses, wo er untergebracht war, schrieb er zu dieser schönen Abendstunde gerade einen Brief. Die Luft war so rein und warm, daß der empfindliche Franzose, der beständig fror, das Fenster offenlassen konnte.

Sein halbfertiger Brief war an die Marquise, die Freundin des Kardinals Fleury, gerichtet, welche mit ihrer Auslandskorrespondenz eine Art feineren Spionagedienst versah.

... ›Denn alles ist vergänglich‹, schrieb die Feder, ›und daß mir dies alles hier nicht reichen würde, das war klar. Ich soll wie ein Magister dasitzen und seine miserablen Verse korrigieren; er kann ja wirklich weder Deutsch noch Französisch. Boshaft wie ein Affe hat er Satiren auf alle Fürsten Europas zusammengestückelt, gewiß nicht für den Druck bestimmt, doch so gemein und ungerecht ... Ich habe aber, liebe Freundin, im Hinblick auf das Kommende sein Pamphlet kopieren lassen; in dem Moment also, in dem er zuschlägt, schlage ich zurück. Wenn Sie wüßten, was dieses Preußen ist und was es werden kann! In seinen Umrissen ein Adler, dessen eine Flügelspitze am Rhein (Jülich-Berg), dessen andere aber an der russischen Grenze liegt! Hier und da gibt es im Innern noch Lücken, doch sobald die ausgefüllt sind, dann werden Sie sehen, wie ganz Norddeutschland wie ein Geier über dem zweiköpfigen Kaiseradler Österreichs liegt! Frankreich sollte lieber seinen Haß auf Habsburg bezwingen und sollte sich auch auf keine Kompromisse mit den Hohenzollern einlassen, denn Ihr wißt nicht, was Ihr da tut! – Hier hört man so mancherlei über Pläne, doch ich wage es nicht, das alles niederzuschreiben, denn mit *ihm* ist nicht zu spaßen ...‹

Nun hörte man vom Schloß her den durchdringenden Ton einer Terzflöte, dazu Läufe und Triller.

Der alte Herr, er war jetzt an die sechzig, hielt beide Hände vor die Ohren, fuhr jedoch gleich im Schreiben fort:

... ›Und dann diese verdammte Flöte! Gerade eben tiriliert er wieder ... das soll bedeuten, daß wir alle nach seiner Pfeife tanzen müssen! – Aber noch schlimmer als die Flöte selbst sind die Sachen, welche man ‚Fugen' nennt. Ich weiß nicht, ob man das als Musik bezeichnen darf. (Soeben bläst er Doppelzunge, das paßt zu ihm wie zu einer Schlange.) – Ja, gestern war Sebastian Bach hier, der Große, gottbewahre, und mit ihm sein Sohn Philipp Emanuel; die spielten den ganzen Nachmittag über Fugen, so daß ich mich ins Bett legen und Arzneien nehmen mußte.

Was die Pläne angeht, so will ich nur einige andeuten. Es gibt einen Plan, Österreich unter Preußen und Frankreich aufzuteilen. Doch er ist zu gerissen, um da mitzumachen; er braucht Österreich nämlich noch gegen die Franzosen.

Es gibt einen anderen Plan, Preußen unter Rußland und Österreich aufzuteilen; und einen dritten habe ich gehört: Polen unter Rußland, Preußen und Österreich aufzuteilen. (Die Flöte ist verstummt, und jetzt breitet sich selige Ruhe über Sanssouci aus, das ich künftig Cent-Soucis buchstabieren werde, denn hundert kleine Verdrießlichkeiten drohen hier mein Leben zu verkürzen!) – Unsere Tafelrunde, die einstmals nur aus Talenten bestand, Maupertuis, La Mettrie, Algarotti, D'Argens und ähnlichen Großen, ist nunmehr durch Potsdamer Gardisten ergänzt worden und fängt an, zu einem Tabakskollegium auszuarten. Ziethen und der Dessauer finden sich in Schmierstiefeln ein und schwadronieren von den ‚fünf Siegen'. Vorgestern nahmen sie sich allerlei Freiheiten heraus, brachten jede vernünftige Konversation zum Schweigen und versuchten schließlich, mich zu hänseln. Was mich aber am meisten ärgerte, war der Umstand, daß *Er* sein Wohlgefallen daran nicht verbergen konnte ... Alles in allem: dieses Aufmarschieren der Schmierstiefel bedeutet Krieg ... natürlich gegen die ‚Dame' (das ist

Maria Theresia); der anderen Dame, der Kaiserin Elisabeth von Rußland, gibt er einen besonders häßlichen Namen. Es ist Damenwalzer, und *er* ist ein Weiberheld geworden, der leidige Frauenhasser. Seine Gemahlin Elisabeth Christine hockt noch immer eingesperrt auf Schönhausen ...‹

Ein Kopf wurde nun ins offene Fenster gesteckt, und der König grüßte:

»Guten Abend, Monsieur. Wie ist Er fleißig!«

Wie ein überraschter Schuljunge, den man beim Mogeln erwischt hat, wühlte der Briefeschreiber in seinen Papieren und zog schließlich einen halben Bogen Holländisch hervor.

»Ja, Sire, ich habe soeben ein Gedicht an den Kaiser Kian-Loung vollendet, als Antwort auf seine ›Eloge de Mukden‹.«

»An den Kaiser von China! Sie haben feinere Bekanntschaften als ich!«

»Sie haben, Sire, ja mich!«

Voltaire sagte das mit einer überlegenen Selbstironie, als wolle er sich über seine allbekannte Eitelkeit lustig machen.

Der König nahm den Scherz auch so auf.

»Tja, Monsieur Voltaire gehört tatsächlich zu meinen ehrenvollsten Bekanntschaften, ob auch zu meinen feinsten, das will ich nicht behaupten.«

»Ist es wegen dieser Affäre Hirschel?«

»Ja, die ist schmutzig!«

»Dürfte ich jetzt mein Gedicht an den Kaiser von China vorlesen. Erlauben Sie, Sire?«

»Würde es etwas helfen, wenn ich es nicht erlaubte? Sie vorwitziger Mensch!«

»Also: Reçois mes compliments, charmant roi de la Chine!«

»Aber er ist doch wohl Kaiser!«

»Ja, doch es ist eine Artigkeit gegen Sie, Sire, denn Sie sind nur König!«

»Nur!«

»Ich fahre fort:

> Ton trône est donc placé sur la double colline!
> On sait dans l'Occident, que malgré mes travers

J'ai toujours fort aimé les rois qui font des vers!«
»Na ja, ich bedanke mich, ich ...«
... »O toi que sur le trône un feu celeste enflamme,
Dis-moi si ce grand art dont nous sommes épris,
Est aussi difficile à Pékin qu'à Paris.
Ton peuple est-il soumis à cette loi si dure
Qui veut qu'avec six pieds d'une égale mesure
De deux Alexandrins, côte à côte marchants,
L'un serve pour la rime et l'autre pour le sens?
Si bien que sans rien perdre, en bravant cet usage,
On pourrait retrancher la moitié d'un ouvrage.«

»Bravo, sehr gut!« mengte sich der König ein, der den Stachel wohl fühlte, sich jedoch beherrschen konnte. »Doch glauben Sie, daß der Kaiser das verstehen wird, auf die rechte Art, wie Sie es meinen?«

»Versteht er es nicht, so ist er ein Dummkopf ...«

»Doch wenn er es versteht, wird er Ihnen den Krieg erklären ...«

»China gegen Voltaire?«

»Was würden Sie da machen?«

»Ich würde China schlagen, wie Sie es zu tun pflegen; mit meinen Truppen, versteht sich!«

»Aber wenn der Kaiser mehr Truppen hat als Sie?«

»Dann würde ich natürlich die Flucht ergreifen, wie Sie, Sire ... oder ich ließe mich in die Flucht jagen, dann behielte ich auch noch meine Kriegsehre ...«

Der König war an Voltaires Frechheiten bereits gewöhnt und verzieh sie einstweilen, doch er behielt sie im Gedächtnis.

»Sitzen Sie nun nicht mehr hier drinnen und wühlen herum, Monsieur, sondern kommen Sie heraus und gehen Sie mit mir spazieren! Wir wollen in der Abendkühle philosophieren; ich habe soviel zu besprechen, und ich muß meine Gedanken ordnen für die große Arbeit ...«

»Sire, ich werde gleich ...«

»Nein, jetzt! Ich warte!«

Monsieur Voltaire wurde übellaunig und räumte seinen

Schreibtisch auf, zog die Schubläden auf und wurde einfach nicht fertig. Doch der König stand wie auf Posten und bewachte ihn mit den Augen.

Endlich mußte das Aufräumen ein Ende nehmen, und der Alte kam heraus, doch seine Glieder zuckten, und er schüttelte sich, als ob er etwas abwerfen wollte.

Der König führte ihn hinunter auf die dritte Terrasse und bog dann nach rechts in den Park ab, wo sie zur Hauptallee gelangten, die in ein kleines Rondell ausmündete, auf welchem ein Freundschaftstempel stand.

Das Schweigen zwischen beiden war äußerst unbehaglich, aber Friedrich, der Selbstbeherrschung gelernt hatte, nahm als erster den Faden wieder auf, welchen sie verloren hatten. Allerdings mußte er dabei an die Gegenwart und an die Umgebung anknüpfen.

»Was für ein friedvoller Abend, Monsieur! Frieden in der Natur und im Leben der Menschen! Haben Sie schon Reflexionen darüber angestellt, daß die Welt nun bereits seit sieben Jahren, seit dem Frieden von Aachen, keinen Krieg mehr gehabt hat?«

»Nein, ich habe noch gar nicht daran gedacht! Nun ja, da können wir bald den sieben mageren Kühen – ich meine: Jahren – entgegensehen!«

»Wer weiß? – Von Kian-Loung haben Sie gesprochen; das ist ein Friedensfürst, der philosophiert und Verse auf Teeblüten schreibt, der seinen Untertanen dient und seine Nation glücklich macht. Sein Nachbar, Japan, genießt bereits seit hundert Jahren Frieden. In Indien wetteifern Franzosen und Engländer um Vorteile im Handel. Das ist der große Osten, mit welchem wir bald werden rechnen müssen! – Doch denken wir an unseren Erdteil, zu welchem ich auch Ägypten zähle! Das schläft und wird von Paschas und Mamelucken regiert. Griechenland, unser Mutterland, ist zur Ruhe gegangen, und das Athen des Perikles ist dem Harem des Sultans hörig geworden und wird von schwarzen Eunuchen beherrscht. Rom, oder eigentlich Italien, ist in Fideikommisse unter Lothringen, Bourbon und Savoyen zerstückelt worden, aber in Rom sitzt mein Freund Benedikt XIV., auch ein Mann des Friedens (übrigens der erste Papst, der Preußens König anerkannt hat); er toleriert die Protestanten, befördert die Wissenschaften und hat einen Meridiangrad ausmessen lassen …«

»Und die Jesuiten hinausgeworfen, die Sie aufgenommen haben, Sire! Das hätten Sie nicht tun sollen!«

»Was wissen Sie denn von den Jesuiten? – In Spanien haben wir Ferdinand VI., welcher ein guter Regent ist. Er hebt die Bodenschätze, kämpft gegen die Inquisition an, pflegt die Wissenschaften …«

»Die Lust zu schreiben scheint wie die schwarze Pest rings um die Erde zu ziehen.«

»In England arbeitet mein Onkel mütterlicherseits, dieser Georg, der ein Schüler von Adam Smith ist, einzig für den wirtschaftlichen Wohlstand des Landes. Die anderen kennen wir. Doch wir sollten uns an die großen Erfindungen unseres Jahrhunderts erinnern: an die Feuermaschine, das Thermometer, den Blitzableiter, die Ankeruhr …«

»Ist wohl das Goldene Zeitalter, das wir auf unsere alten Tage zurückkommen sehen!«

»Denk Er, Voltaire, nur an die Feuermaschine, welche nunmehr auch Dampfmaschine genannt wird! Und an den Telegraphen … Was können wir nicht noch alles erwarten!«

»Krieg, versteht sich!«

»Ich habe niemals den Krieg geliebt, das wissen Sie, aber ich bin dazu getrieben worden …«

»Mit dem Stock …«

Der König wurde nicht böse; doch er war betrübt darüber, daß ein so bedeutender Mann, der sein Freund und Lehrer gewesen war, sich einer solchen Roheit schuldig machte.

»Recht haben Sie: es war meines Vaters Stock, und ich segne ihn! Indessen, wenn ich auch nicht glaube, daß das Zeitalter des Saturns vor der Tür steht, so sehe ich doch in der Ferne eine hellere Zukunft.«

»Ich sehe bloß Wolken, und zwar solche, die ein Erdbeben

anzeigen ... Frankreich ist unterhöhlt, Amerika kommt in Bewegung; ganz Europa fängt an, das Christentum abzuwerfen wie der Krebs seine Schale; die Ökonomie wird zur Wissenschaft; die Natur wird durchforscht; wir stehen vor etwas Neuem und Gewaltsamem; ich spüre es förmlich in den Hühneraugen ...«

»Ebenso ich! Mein Otium, meine Muße, nähert sich ihrem Ende, mein Tusculum wird geschlossen werden, und alle Schrecknisse warten noch auf mich!«

Das Gesicht des Königs drückte in diesem Augenblick einen so unendlichen Schmerz aus, als habe er den Siebenjährigen Krieg vorausgesehen, welcher ja unmittelbar auf die sieben guten Jahre folgte; und er stand zur Erde gebeugt da, als trage er auf seinen Schultern Schicksal und Zukunft seines Landes.

»Sire, Sie hätten in solchen Stunden hier ein bißchen Religion nötig!«

»Meine Religion ist die Pflicht! Mein Gott ist die Vorsehung, welche die Geschicke der Völker lenkt, die Individuen jedoch sich selbst überläßt! Was sind denn schon die Menschenkinder, daß du dich kümmern könntest um diese Ameisen?«

Das Gespräch wurde unterbrochen, denn im Hintergrund der Allee tauchte ein Individuum auf, das einem Gerichtsdiener ähnlich sah. Voltaire erkannte, wer es war, und wurde rasend vor Zorn.

»Majestät, wie können Sie zulassen, daß hier Krethi und Plethi im Schloßpark herumspazieren dürfen? Warum verschließen Sie ihn nicht mit eisernen Gittern und Toren?«

»Nein«, erwiderte der König. »Meine Person gehört nicht mir, und noch weniger dieses Schloß; alle indessen haben bestimmte Rechte auf mich.«

»Aber das ist unerhört! Darf ich den da wegjagen?«

»Nein! Das dürfen Sie nicht!«

Der König winkte, und der Fremde kam näher, den Hut in der Hand.

»Was begehrst du, mein Freund?« erkundigte sich der König.

»Will nur dem Hern Voltaire ein Schriftstück übergeben.«

»So tue deine Pflicht!«

Der Mann überreichte Voltaire einen Umschlag und entfernte sich wieder.

Als der Alte ihn geöffnet und gelesen hatte, fiel er vor dem König auf die Knie und rief aus:

»Retten Sie mich, Sire!«

»Es geht um Ihren Prozeß mit Hirschel über die sächsischen Staatspapiere! Ihr gedachtet einander zu betrügen, ebenso die Allgemeinheit! Doch der Jude ließ sich von Ihnen nicht anlügen, Monsieur, und nun stehen Sie als Fälscher da, Monsieur!«

»Rettet mich, Majestät!«

»Wie könnte ich das?«

»Allein durch ein Wort, ein gutes Wort vor Gericht ...«

»Schäm Er sich, alter Mann! Glauben Sie wirklich, ich könnte das Recht verletzen, und wollen Sie, daß ich wen besteche? Nein, Monsieur, es gibt Richter in Berlin, und zwar unbestechliche! Mein Wort bedeutet ihnen ebensowenig wie das des geringsten Bürgers! Stehen Sie auf, gehen Sie auf Ihr Zimmer, und wir wollen uns beim Souper wiedertreffen!«

»Sire! Ich bitte darum, das Souper diesen Abend auslassen zu dürfen!«

»Nun wohl! So treffen wir uns morgen!«

Als Voltaire in sein Zimmer gekommen war, suchte er sofort in seinen Papieren, die er in Unordnung zurückgelassen hatte. Er suchte eine ganze Stunde lang den unvollendeten Brief an die Marquise, ohne ihn finden zu können.

Da begriff er, daß man den Brief abgefangen hatte, und sein Verdacht fiel auf den König. Er sank in sich zusammen und raste sodann im Zimmer umher, bis es draußen dunkel geworden war. Er fühlte, daß es nun aus war mit der Freundschaft und Gastfreiheit, mit dem Glanz und der Ehrenstellung, ja daß er abreisen, vielleicht sogar fliehen mußte. Daher schloß er die Fensterläden und machte Feuer im Kamin, um gefährliche

Papiere zu verbrennen. Und als er das erledigt hatte, legte er sich ins Bett und klingelte nach einem Bedienten.

»Bitte Er den Herrn La Mettrie herzukommen, ich bin krank!« befahl er.

La Mettrie, der Verfasser der Schrift ›L'Homme Machine‹, war äußerst konsequenter Materialist und Atheist, und seiner Arbeiten wegen genoß er Friedrichs besondere Gunst; nach seinem Tode hielt der König selbst in der Akademie eine Leichenrede. Voltaire war auf ihn eifersüchtig wie auf alle, welche ihm im Wege standen; doch La Mettrie war Arzt, und wenn Voltaire einen Menschen brauchte, nahm er mit all und jedem vorlieb.

Der Doktor erschien, nicht etwa aus Menschenfreundlichkeit, sondern aus Neugierde und aus einer gewissen Schadenfreude, um den Günstling in seinem Fall zu beäugen.

»Mein werter Freund«, sagte der Alte, »ich bin so siech an Körper und Seele.«

»Aber Sie haben doch gar keine Seele!«

»So ist es eben das Herz!«

»Cor, cordis, Herz. Dann werden Sie zuviel gegessen haben! Purgieren Sie, Monsieur, und so wird Ihr Sinn leichter als der Leichtsinn selbst!«

»Verordnen Sie etwas Ordentliches, Mensch! Ich liege im Sterben!«

»Fahren Sie doch in ein Bad!«

»Wie ein Minister in Ungnade? Nein, danke!«

»Reisen Sie heim in Ihr Land, Sie leiden an Heimweh!«

»Ja, darin haben Sie recht! Hier ist nicht die richtige Luft!«

»Sie beginnt ein wenig dick zu werden.«

»Wie meinen?«

»Und die Marquisen sehnen sich nach Ihnen ...«

»Tun sie das? Nein, was Sie nicht sagen! Aber wir sollten wirklich einen Badeort wählen.«

»So nehmen Sie Plombières! Dort treffen Sie den Hof!«

»Das ist eine vorzügliche Idee! Plombières! Doch ich komme zurück, selbstverständlich ...«

»Selbstverständlich.«

»Ich werde in drei Wochen zurück sein, oder sagen wir: in einem Monat. Wenn nur der König nicht verstimmt wird ...«

»Laßt mich Ihnen versichern, der König wird sich trösten ...«

»Ja, ja! Ich werde über die Sache nachdenken! – Hören Sie, er ist doch nicht etwa böse auf mich?«

»Wer?«

»Der König.«

»Keineswegs wird er böse auf Sie! Andernfalls wäre er es schon lange! Nein, der Gedanke kommt zu spät.«

»Geben Sie mir ein Schlafpulver, ehe Sie gehen!«

Der Doktor holte ein Pulver hervor und schüttete es in ein Glas mit Wasser.

Der Alte trank es zwar aus, doch er folgte mit großen Augen dem Mienenspiel des Doktors, welcher sehr belustigt zu sein schien. Er traute ihm in keiner Weise über den Weg.

»Herr Voltaire«, sagte der Doktor, »wenn Sie Feuer anmachen im Kamin, so ziehen Sie die kleinen Klappen auf, sonst entsteht zuviel Rauch. Fast hätte man die Feuerwehr von Potsdam alarmieren müssen ...«

»Ach so! Das auch noch! Nun: La comedia é finita! Gute Nacht!«

»Sic transit gloria mundi! Schlafen Sie gut!«

Voltaire schlief diese Nacht zwar, aber nicht gut, und am folgenden Morgen weckten ihn Gewehrsalven von Potsdam her, woraus er schloß, daß der König ein Manöver abhielt. Von dem Monarchen selbst sah er nicht die Spur, erhielt jedoch gegen Mittag einen Brief, der das königliche Siegel trug. Darin stand zu lesen:

›Monsieur!

Doktor La Mettrie hat mir berichtet, daß Sie entschlossen sind, in ein Bad zu reisen. Obschon mir Ihre angenehme und lehrreiche Konversation fehlen wird, möchte ich mich dennoch nicht Ihrem Wunsche widersetzen, zumal ich überzeugt bin, daß eine gründliche Kur Ihren Nerven und Ihrem schlechten Herzen von Nutzen sein werde.

Indem ich Ihnen gute Besserung wünsche oder doch in der Hoffnung, daß Ihr Zustand nicht schlimmer wird, als er ist: F. R.‹

Das war der Reisepaß! Und Voltaire reiste noch am selben Abend nach Leipzig, wo er aus der Satiren-Sammlung Friedrichs vorlas, welche er auch zu drucken gedachte. Indessen, in Frankfurt wurde er verhaftet und des wertvollen Manuskripts beraubt, das Friedrich noch mehr Feinde hätte verschaffen können, als er sie später wirklich bekam. Nachdem er arrestiert und wieder freigelassen worden war, flüchtete er nach Frankreich, wo er im ›Dictionaire Historique‹ die verabscheuungswürdigsten Mitteilungen über das Privatleben Friedrichs des Großen drukken ließ.

Einige Jahre später saß er in Ferney am Genfer See als vielfacher Millionär, Patriarch und König.

Der uralte Voltaire hockte viele Jahre danach noch immer in seinem Sanssouci, genannt Ferney, und war König, ebenso beschäftigt wie früher, ebenso unruhig und eitel.

Sein kleines Château war ein bescheidenes zweistöckiges Bauwerk mit einem Rondell in dem mit Bäumen bepflanzten Garten. Links neben der Einfahrt stand eine kleine steinerne Kapelle. Auf einer Tafel über der Eingangstür las man die bekannte Inschrift ›Deo exerit Voltaire‹, die ihm den Haß der Kirche und das Lächeln seiner literarischen Freunde eingetragen hatte.

Unten im Garten befand sich ein Laubengang aus lebenden Weißbuchen, der mit seiner Decke wie ein langer Saal aussah, dessen ausgeschnittene Fenster sich zur Seeseite hin öffneten. Von hier aus konnte er den Montblanc sehen, welcher sich insbesondere bei Sonnenuntergang in seiner ganzen Pracht zeigte, und die blaue Fläche des Genfer Sees, die sich bis Clarens und zum Rhone-Tal hin erstreckte, wo der unglückliche Rousseau einst umhergeirrt war, geliebt und gelitten hatte.

Jetzt, in der Abenddämmerung, saß der Alte in seinem Laubensaal und spielte Bezigue mit dem Ortspfarrer, als die Post anlangte. Es waren viele Briefe mit glänzenden Siegeln.

»Entschuldigen Sie, Abbé, ich muß jetzt meine Briefe lesen!«

»Oh, bitte!« erwiderte der Geistliche und trat hinaus, um im Garten auf und ab zu wandern.

Nach einer Weile hörte man den Alten nach seinem Freund rufen:

»Kommen Sie, Abbé! Sie sollen etwas zu hören bekommen, oh!«

Der Abbé, welcher seiner Gemeinde wegen mit Voltaire in Verbindung stand und sich nach dessen Launen richtete, ohne sich mit ihm in Streitereien über die Glaubenslehre einzulassen, fand sich nach dem Ruf sogleich wieder ein.

»Sie sollen einen Brief zu hören bekommen von Friedrich, dem Großen, dem Einzigen, dem Unvergleichlichen! Er hat mir verziehen, und ich schäme mich! – Am letzten Abend, damals in Sanssouci war ich wütend und in meiner Widerwärtigkeit so gemein, ihn an den Stock seines Vaters zu erinnern. Doch kaum hatte ich das Wort ausgesprochen, da spürte ich seine Erwiderung förmlich in der Luft, doch er behielt sie für sich. Er hätte ja lediglich mit dem Stock zu parieren brauchen, welcher in meiner Jugend eine gewisse Rolle gespielt hat; doch er schwieg, entweder aus Achtung vor meinem Alter oder aus irgendeinem anderen Grund. (Verdammt merkwürdig ist es, daß der Stock auch die Entwicklung des großen William Shakespeare und vieler anderer Ungenannter beeinflußt hat.) Gleichviel – entschuldigen Sie, Abbé, garrulitas senilis –, er hat mir verziehen, und er schreibt mir folgendes:

›Mein alter Freund!

Die Jahre sind vergangen, die sieben guten Jahre, welche Sie mit mir geteilt haben, und dann die sieben mageren mit dem Siebenjährigen Krieg und allem Zubehör. Die Freunde sind von hinnen gegangen, und nun umfängt die große Einsamkeit den alten Mann, der jetzt unter anderem anfängt, weitsichtig zu werden, nachdem er bisher kurzsichtig gewesen ist; und er sieht das Leben in der Perspektive, wobei die scheinbar kürzeren Linien die längsten sind. Aus Erfahrung weiß ich das, und deswegen lasse ich mich nicht länger zum Narren halten. Auf der erreichten Höhe stehend, sieht ein Greis wie ich gern zurück, aber nun kann er auch vorwärts blicken.

Was uns jetzt bevorsteht? Wer könnte es sagen? Dieses Jahrhundert, das alle Monarchen Europas an der Spitze der revolutionären Bewegungen laufen sah, ist das kurioseste von allen. Wir Despoten, die wir den Völkern die Aufklärung und Freiheiten aufzwangen, wir waren Demagogen, und die Völker lohnten es uns mit Undank. Es war die verkehrte Welt. Ich habe wegen meiner Lehren und Praktiken leiden müssen, doch das Schicksal Josephs II. ist tragisch: ihn ermorden sie, langsam, aber sicher!

Sie haben den Krieg nicht geliebt, und ich auch nicht, aber durch die Vorsehung und die Sorge um mein Land wurde ich dazu gezwungen. Was ich dadurch erreicht habe, fragen Sie? Nun ja, ich habe eine Flurbereinigung vorgenommen, wie die Landvermesser es nennen. Und aus all den verstreut liegenden Äckern und Landfetzen habe ich ein Preußen gezimmert, so daß man auf eigenem Grund und Boden gehen und fahren kann, ohne Nachbarländer betreten zu müssen. – Fürchten Sie Preußen nicht! Sie brauchen es gegen Rußland, das nun – seit Zar Peter – Sitz und Stimme im europäischen Rat hat. Meine Beteiligung an der Zerstückelung Polens haben Sie mißbilligt, aber ich wurde gezwungen mitzumachen, denn sonst hätte sich Rußland alles genommen! Ich wurde gezwungen! Polen hatte seine Aufgabe in Europas geographischer Ökonomie eingebüßt; es war schon russifiziert; und seine Rolle haben die Sarmaten übernommen ... Schlesien war unser, und danken Sie Gott, daß die Schweden es nicht im Westfälischen Frieden bekommen haben, wie sie es zuerst verlangten! Im übrigen haben wir diese Goten in ihr eigenes Land zurückgeschickt; wir besorgen unsere Geschäfte selbst ...‹

Und so weiter! Dann sagt er auch noch etwas über Rousseau ...

›Sie nennen Rousseau einen Schwindler! Das ist wohl etwas hart. Und wenn er tatsächlich eine kostbare Borte oder einen

Silberlöffel gestohlen hat, so ist das überhaupt nicht der Rede wert … Ich teile seine Liebe zur Natur und seinen Haß auf die Menschen. An einem der letzten Abende, als die Sonne unterging, dachte ich: ‚O Gott, wie schön ist Deine Natur und wie abscheulich sind Deine Menschen!' Wir Menschen, habe ich gemeint, denn ich selbst nehme mich nicht aus, Monsieur, und Sie ebenso nicht! – Dieses verfluchte Geschlecht (cette race maudite) ist ja dasjenige des Eisernen Zeitalters, das Hesiod geschildert hat; und man behauptet, es sei nach Gottes Ebenbild geschaffen! … Rousseau hat recht, wenn er an ein Zeitalter des Saturns glaubt, das gewesen ist …‹

Was sagen Sie dazu, Herr Abbé?«

»Das ist ja die kirchliche Lehre vom verlorenen Paradies und vom Sündenfall, die im übrigen mit der Prometheus-Sage der Griechen zusammenstimmt; Prometheus, der vom Baum der Erkenntnis aß und deswegen das Unheil über das Menschengeschlecht brachte!«

»Sieh an, ei der Tausend! Ist der Abbé auch Freidenker geworden? Schuster, bleib bei deinem Leisten! Wenn Sie Pfarrer sind, so bleiben Sie Pfarrer und pfuschen Sie mir nicht ins Handwerk! Und glauben Sie nicht, Sie müßten mir nach dem Munde reden, weil ich Ihre Pfründe bezahle! Doch kehren wir zu Friedrich zurück!

›Die Historie rollt voran wie eine Lawine; das Menschengeschlecht verbessert sich, die Lebensbedingungen werden leichter, doch die Menschen bleiben sich gleich: ebenso treulos, undankbar, lasterhaft; und zur Hölle geht es mit den Gerechten wie mit den Ungerechten! Die Konsequenzen aus diesen Erfahrungen zu ziehen – das wage ich nicht auf diesem Papier, denn das hieße: Barrabas freilassen und Christus ans Kreuz nageln … Große Männer – kleine Schwächen, oder richtiger: große Schwächen. Wir, Monsieur, sind keine Engel gewesen, doch die Vorsehung hat uns zu großen Dingen benutzt. Wenn es ihr gleichgültig ist, wen sie bei der Hand nimmt, ist es ihr dann nicht auch egal, wie wir im Fleischlichen leben, wenn wir nur den Geist hochhalten? Sursum corda!‹

Was sagen Sie nun dazu, Abbé?«

»Das Gesetz kann nicht erfüllt werden, sagt Paulus. Aber durch das Gesetz wird das Schuldgefühl geweckt, und deswegen ist das Gesetz lediglich dazu da, uns voranzutreiben: zur Gnade.«

»Das ist gar nicht so dumm gesagt von Paulus! Aber ich würde hinzufügen wollen: Im Gefängnis des Fleisches wächst das Verlangen nach der Freiheit. Wer soll mich armen Menschen von diesem sündigen Leib erlösen? – Ja, Abbé, vanitas, vanitatum, vanitas! Sie sind jung, aber Sie sollen mich, den Alten, nicht verspotten, wenn er sich umwendet und hinter sich spuckt auf all die Erbärmlichkeit, die er durchschritten hat. Möge einst ein Geschlecht geboren werden, das sofort weiß, was das Leben wert ist, soweit es nicht zu der Kur gehört, sich mit Schlamm zu salben!«

Nun wurde ein schwarz gekleideter, hagerer Mann sichtbar, der sich den Gartenweg entlangwand.

»Sieh da! Da ist ja mein Jesuit!« sagte Voltaire.

Der Alte ›hielt sich‹ nämlich einen Jesuiten, teils weil der Papst den Orden vertrieben und teils weil Friedrich ihn aufgenommen hatte, aber vor allen Dingen, weil er jemanden haben wollte, mit dem er disputieren konnte. Vielleicht wollte er ihn auch deshalb um sich haben, um seine Vorurteilslosigkeit zu demonstrieren, denn er liebte den unsympathischen Menschen nicht.

»Nun, du Kind des Satans«, grüßte der Alte, »was hast du nun wieder für Bosheiten zu berichten, du siehst so schadenfroh aus?«

»Ich komme gerade aus Genf«, erwiderte der Jesuit mit einem hämischen Lächeln.

»Was tun sie denn da so?«

»Ich habe gesehen, wie der Henker dort Rousseaus ›Emile‹ verbrannte!«

»Das konnten sie gern tun! Und sie hätten diesen Dummkopf gleich mit auf den Scheiterhaufen werfen sollen!«

»Monsieur Voltaire!«

»Ja, keineswegs darf man solche Narren tolerieren! Es muß Grenzen geben!«

»Wo?«

»Das sagt die gesunde Vernunft!«

»Nun ja, und dann konnte ich auch mit ansehen, wie man die neue Auflage des ›Candide‹ des Herrn Voltaire verbrannt hat ...«

»Oh, pfui Teufel! Aber das ist jetzt ein Pack in Genf!«

»Ein Protestantenpack, mit Verlaub.«

»Geniert Euch nicht! Ich hasse Protestanten ebenso heftig wie die Katholiken! Dieser widerwärtige Calvin hat ja auch in Genf gesessen und seinen Freund Servet verbrannt, weil der nicht an die Dreieinigkeit geglaubt hat ... Geniert Euch nicht! Und falls Jean Calas in Toulouse Katholik und sein Sohn Protestant gewesen wären, so hätte ich seine Richter ebensosehr in die Enge getrieben, obwohl ich ein ... ich bin nichts. Bloß das, was ich schreibe, existiert!«

»Dann werden wir einst den Schriften des Herrn Voltaire ein Denkmal setzen, nicht aber Herrn Voltaire selbst!«

»Das braucht Ihr nicht! Ich habe mir selbst mein Denkmal gesetzt in den hundert Bänden meiner gesammelten Schriften! Und wie der alte Lotterkerl ausgesehen hat, das geht die Welt nichts an! Da gibt es nichts zu sehen! – Meine Schwächen kennen wir: ich habe gelogen, ich habe gestohlen, ich bin undankbar gewesen; ein kleiner Schuft, ein kleiner Schweinehund! Da seht Ihr meinen Dreck! Den will ich den Jesuiten, den Spießern, den Wortklaubern und Anekdotensammlern vermachen. Den Geist aber vermache ich Gott, der ihn gegeben hat, und den Menschen einen guten Willen, auf daß sie ihren Monsieur Voltaire verstehen!«

Er stand auf, denn die Sonne war untergegangen.

»Gute Nacht, Montblanc! Du hast wie ich ein weißes Haupt und stehst mit den Füßen im kalten Wasser – wie ich! – Nun gehe ich hin und lege mich schlafen! Und morgen fahre ich nach Paris, dort will ich sterben!«

GERICHTSTAGE

Im nördlichen Turm der Kirche Notre-Dame in Paris hatte der Turmwächter seinen Wohnraum, aber der war als Buchbinderwerkstatt eingerichtet, denn das Amt war am Tage nicht sonderlich beschwerlich, und die Nachtstunden gingen mit oder ohne Schlaf dahin, da sich niemand darum kümmerte, diesen nunmehr überflüssigen Kirchendiener zu kontrollieren.

Niemand ging zur Kirche, die ziemlich stark beschädigt war, und niemand stieg den Nordturm hinauf, denn die Glocken hingen im Südturm, und dort war der Dienst etwas strenger, denn bei allen außergewöhnlichen Ereignissen sollte die Sturmglocke geläutet werden.

Mit dem Glöckner im südlichen Turm unterhielt der Wächter eine Art telegraphischer Verbindung, und bei ruhigem Wetter konnten sie sogar miteinander sprechen; doch wenn es windig war, mußten sie das Sprachrohr benutzen.

Die Werkstatt hatte sich im Laufe der Jahre zu einem sehr gemütlichen Raum entwickelt, dessen südliche Wand von einem einzigen großen Bücherregal eingenommen wurde. Darin leuchteten in rotem Maroquin-Leder mit Goldschnitt die fünfunddreißig Bände der ›Encyclopédie‹ in der ersten Auflage aus den Jahren 1751 bis 1780. Da erblickte man Voltaire, Rousseau, Montesquieu, Locke, Hume – alle Werke, die da sein sollten; sogar Zeitungen gab es: ›Moniteur‹, ›Père Duchesne‹ und Marats ›L'ami du Peuple‹. Diese letztgenannte war in ein wenig fettiges Leder eingebunden, das wie eine Schweinsschwarte aussah und sich verzogen hatte.

Eine andere Wand war mit Kupferstichen bedeckt, die teils koloriert, teils nicht koloriert waren. Sie hingen in chronologischer Reihenfolge von links nach rechts, von oben nach unten, so daß sie in Bilderschrift die ganze Revolutionszeit erkennen ließen: Die Schwurszene im Ballhaus am 20. Juni 1789 mit dem

Bildnis Mirabeaus; den Brand der Bastille und den Kopf des Kommandanten; den Klub der Jakobiner mit Marat, Saint Just, Couthon, Robespierre; das Verbrüderungsfest auf dem Marsfeld; die Flucht des Königs nach Varennes; Lafayette; die Girondisten; die Hinrichtung des Königs und auch die der Königin; den Wohlfahrtsausschuß mit Danton und dem ausgekochten Robespierre; den Schrecken; Charlotte Corday, und Marat in der Badewanne; und dann wieder Robespierre; das Fest des Höchsten Wesens; Voltaires Begräbnis; und noch einmal Robespierre, aber jetzt am 9. Thermidor. Dann fing das Direktorium an; davor Bonaparte, dazwischen Pyramiden und Alpen.

Mitten im Raum stand ein sehr großer Tisch mit den Werkzeugen des Buchbinders auf der einen und Schreibgeräten auf der anderen Seite. Das Tintenfaß steckte in einer Schädelhöhle, und als Lineal diente ein Unterarmknochen; der Federhalter war eine gerade gebogene Rippe, und als Briefpresse fungierte eine Guillotine.

Der Buchbinder selbst, ein Hundertjähriger mit einem Apostelbart, saß da und schrieb unter einer großen Laterne, die von der Decke herabhing. Außer ihm war niemand im Gemach.

Draußen wehte ein starker Wind, und mitunter erzitterten die Dachplatten; es war kühl im Zimmer, jedoch nicht kalt, denn ein eiserner Ofen brannte in einer Ecke, wo sich auch das Rüstzeug des Turmwächters befand: ein großer Wolfspelz, ein Sprachrohr, einige Flaggen und eine Laterne mit verschieden gefärbten Gläsern.

Jetzt schob der Alte seine Brille auf die Stirn, blickte auf und sagte zu jemandem, den man nicht sehen konnte:

»Bist du hungrig?«

Eine Stimme, die hinter dem Bücherregal hervorkam, erwiderte:

»Einigermaßen.«

»Frierst du?«

»Nein, noch nicht!«

»Warte noch eine Weile, ich werde gleich hingehen und Ausschau halten!«

»Woran schreibst du denn?«

»An meinen Memoiren.«

»Ist es ruhig in der Stadt?«

»Doch, sehr schön ruhig! Aber sie sind nach Saint-Cloud hinausgezogen.«

»Dann geht es wohl bald los!«

»Losgehen wird es nicht, aber wir können eine Proklamation erwarten. Sei nun still, dann gehe ich hinaus und telegraphiere! Essen kannst du nachher bekommen, und auch zu trinken, vielleicht auch eine Pfeife Tabak.«

Es wurde still hinter dem Bücherregal, und der Alte zog sich seinen Pelz an, steckte die mehrfarbige Laterne an, ergriff ein Sprachrohr und ging auf den Altan hinaus.

Da herrschte tiefes Dunkel, doch der Alte kannte seine Menagerie hier draußen auf der Balustrade; er liebte seine steinernen Ungeheuer: die Eule, den Greifen, das Gorgonenhaupt, und er mußte sie alle jedesmal streicheln, wenn er an ihnen vorbeiging. Doch vor dem Untier mit dem Menschenleib, den Bocksfüßen und den Hörnern am Kopf hatte er ziemlichen Respekt. Da stand es, auf die Fäuste gestützt wie ein Pfaffe, und vornübergebeugt schien es der gottlosen Stadt zu predigen oder das Strafgericht auf sie herabzusenden. Dennoch, neben diesem Wesen suchte er sich seinen Platz, als er mit der Laterne zu signalisieren begann. Doch der Sturm war so heftig, daß der Alte schwankte und ›den da‹ um den Leib fassen mußte, um sich festzuhalten.

Nachdem er eine Weile dagestanden, mit seiner Laterne manövriert und in das Dunkel hinausgespäht hatte, straffte er sich plötzlich, ließ die Laterne fallen und führte das Sprachrohr an den Mund. Er hielt sich am Steingeländer fest, wandte sich dem südlichen Turm zu und schrie:

»Hallo, François! Hallo!«

Nach einer kurzen Zeit antwortete eine Stimme aus dem Dunkel:

»Qui vive?«

»Mont-joie-Saint-Denis.«

»Sacre!« schrie es zurück.

»Läute die große Glocke, beim Satan!«

Der Wächter blieb noch eine Weile stehen und beäugte die farbigen Lichter am Kirchturm von Saint-Cloud, und um ganz sicher zu sein, wiederholte er sein Signal, worauf er zur Antwort bekam:

»Habe richtig verstanden!«

Der Alte seufzte: Dein Wille geschehe, Herr des Himmels! – Dann ging er der Turmkammer zu. Doch da faßte der Sturm seine Kleider, so daß er den gehörnten steinernen Prediger am Arm packen mußte, um sich da oben zu halten. Aber die Figur hatte sich gelöst, gab nach und fing ein wenig an zu schwanken.

»Der auch!« murmelte der Alte in seinen Bart. »Nichts steht fest, um sich dran festzuhalten, alles gleitet weg, nichts ist da, sich darauf zu stützen!« Er kauerte sich zusammen, um nicht weggeweht zu werden, und so erreichte er endlich die Tür des Turmzimmers, die er aufriß.

»Die Revolution ist zu Ende!« rief er nach dem Bücherregal hin.

»Was sagst du?«

»Die Revolution ist aus! – Kommen Sie wieder vor, Sire!«

Er griff nach dem Bücherregal und drehte es wie eine Tür in den Angeln. Man erblickte einen kleinen, hübschen Raum im Stil Ludwigs XV., und aus ihm trat ein dreißigjähriger Mann mit einem feinen, aber blassen Gesicht hervor, das einen bekümmerten Ausdruck hatte.

»Sire«, grüßte der Buchbinder demütig, »nun ist Ihre Zeit gekommen, und die meine ist vorbei! Die Revolution ist aus! Was heute, am 18. Brumaire, in Saint-Cloud passiert ist, weiß ich nicht; doch eines weiß ich: Bonaparte hat die Regierung übernommen.«

»Jacques«, erwiderte der Edelmann, »ich will deine Gefühle nicht verletzen, aber ich kann meine Freude nicht verbergen …«

»Verbergen Sie sie nicht, Sire! Sie haben mich vor dem Schafott gerettet, und ich habe Sie gerettet; wir wollen einander danken und quitt sein!«

»Daß dieses blutige Spektakel ein Ende gefunden haben sollte, daß dieser Wahnsinn ...«

»Sire, nicht so!«

Und seine Augen begannen zu funkeln. Aber dann schlug sein Ton um:

»Lassen Sie uns die letzte Mahlzeit zusammen einnehmen, doch in Liebe, als Mitmenschen, und lassen Sie uns von der Vergangenheit sprechen! Sodann wollen wir voneinander scheiden in Frieden! An diesem Abend sind wir noch Brüder, aber morgen sind Sie der Herr, und ich bin der Diener.«

»Du hast recht! Heute bin ich noch ein Emigrant, aber morgen bin ich der Graf***.«

Der Alte setzte ihm ein kaltes Huhn, einen Käse und eine Flasche Wein vor, und die beiden nahmen am Tisch Platz.

»Diese Flasche, Sire, ist anno 89 abgezapft worden, sie hat eine Geschichte, und deswegen ...«

»Hast du keinen weißen? Ich kann Rotwein nicht mehr trinken.«

»Es ist wohl nicht Ihre Farbe?«

»Nein, ich sehe darin nur Blut! – Du selbst hast ja deine Frau und vier Söhne verloren ...«

»Was gibt es da zu weinen! Sie sind gefallen auf dem Felde der Ehre ...«

»Auf dem Schafott!«

»Ich nenne das Schafott das Feld der Ehre. Aber Sie wünschen weißen Wein, gut, Sie sollen ihn haben! Sie ziehen die Farbe der Tränen vor, ich die des Blutes!«

Er entkorkte eine Flasche Weißwein.

»Suum cuique! Die Geschmäcker sind verschieden! – Wir können also wieder atmen und des Nachts ruhig schlafen! Sehen Sie: das war das Schwerste in diesen zehn Jahren, die nun vorüber sind, daß man zur Nachtzeit nicht schlafen konnte! Die Angst vor dem Tod war schlimmer als der Tod selbst!«

»Das Schwerste für uns war – verzeih mir den Ausdruck –,

daß wir zusehen mußten, wie Staat und Gesellschaft auf den Kopf gestellt wurden, wie die Roheit die Oberhand hatte ...«

»Warten Sie etwas! Ludwig XVI. bezahlte an zwei Kammerherrn 20 000 Livres pro Jahr, und die beiden hatten nichts anderes zu erledigen, als jeden Morgen seinen ›hohen‹ Nachttopf zu untersuchen und ihn hinauszutragen; eine größere Roheit konnten die Sansculotten auch nicht begehen! Marie Antoinette ging abends mit jungen Herren aus und soff die Nächte durch, so daß sie betrunken erst am folgenden Tag um elf Uhr nach Hause kam; das war eine Roheit von so einer feinen Person!«

»Du kannst heute abend noch auftrumpfen, Jacques, aber ab morgen gib auf deinen Kopf acht!«

»Und als ich im Gerichtssaal saß, als die Königin wegen ihres unerlaubten Verhältnisses zu ihrem Sohn angeklagt wurde, da glaubte ich erst nicht an diese Anklage; aber später habe ich dann zu hören bekommen ... Ja, Sie wissen, wie Mütter mit ihren Söhnen spielen; das fängt mit Spiel morgens im Bett an, aber die Gefühle überschreiten unmerklich die Grenzen ... Und als der Dauphin selbst zugab ... die Sache war wohl krankhaft!«

»Nein, so dürft Ihr nicht über diese hohen Personen reden, die als Märtyrer gestorben sind ...«

»Halt noch! Der König war das, was man einen gemütlichen Kerl nennt, aber die Königin war ein Stückchen! Jedoch, beide sind rechtmäßig zum Tode verurteilt worden, alle beide! – Sehen Sie: wenn Turgot hätte bleiben können, wäre die Revolution ausgeblieben, denn alle Reformen in Staat, Kirche und Gesellschaft, die wir – entschuldigen Sie das Wort – später durchgeführt haben, die hatte bereits Turgot auf seinem Programm. Die Königin, die es nicht ertragen konnte, daß der Minister ihre Apanage kürzte, hat ihn wegintrigiert, und der König hat mitgemacht. Das war ein großes Verbrechen! Numero zwei war der Sturz Neckers, und danach regierten die Königin und die Hofdirnen! Aber sowohl der König als auch die Königin versuchten, Ausländer gegen ihr eigenes Land aufzuwiegeln; die Korrespondenz in dieser Affäre wurde aufgefunden, und damit waren die Verräter am Vaterland des Todes schuldig! Reden Sie mir nicht von Märtyrern, sonst werde ich nämlich wütend! Ich werde wirklich böse, wenn ich Lügen höre, und dann kann ich mich nicht mehr beherrschen.«

Der Graf legte die Hand an seinen Degen.

»Steck dein Schwert wieder in die Scheide, junger Mann, sonst ...«

Nun saßen die beiden jeweils auf einer Seite des Tisches und sprühten Feuer gegeneinander.

»Die Ursachen«, setzte der Alte fort, »ja, die kann man schon im Paradies suchen, aber wir haben es lediglich mit den jüngsten zu tun, und die kennen wir. Die Revolution war ein Jüngstes Gericht, das hier einfach kommen mußte, so wie es in England auf den Punkt genau hundert Jahre zuvor, nämlich 1689, gekommen ist.«

»Aber Cromwells Republik ist zum Teufel gegangen!«

»Das tut diese hier sicherlich auch; aber sie kommt wieder! Laß uns statt dessen von etwas Schönem reden, an diesem letzten Abend! Ich, der ich bei allem dabei war, habe eine große, unvergeßliche Erinnerung, die mir durch all das Dunkel ewig leuchtet, und das ist der Tag auf dem Marsfeld! Das Verbrüderungsfest am 14. Juli anno 90! Zwanzigtausend Arbeiter sollten das Marsfeld in Ordnung bringen, aber als sie es zum festgesetzten Tage nicht schafften, ging ganz Paris hinaus! Da sah man Bischöfe, Hofmarschälle, Generale, Mönche, Nonnen, Damen der Gesellschaft, Arbeiter, Matrosen, Nachtschwärmer und Dirnen, alle zusammen mit Hacke und Spaten! Und sie versuchten, den Boden zu ebnen. Und zuletzt fand sich sogar der König selbst ein, um sich an der Arbeit zu beteiligen! Das war die größte Nivellierungsarbeit, die Menschen jemals ausgeführt haben, die Höhen wurden eingeebnet und die Senken ausgefüllt ... Zuletzt war das große Freiheitstheater fertig. Auf dem Altar des Vaterlandes wurden aus wohlriechenden Hölzern die Feuer entzündet. Talleyrand, der Bischof von Autun, gefolgt von vierhundert weißgekleideten Priestern, weihte die Fahnen.

König und Königin saßen in bürgerlicher Tracht auf der Estrade, und der ›erste Bürger des Staates‹ legte den Eid auf die Verfassung ab. Alles war vergessen, alles war vergeben! ... Eine halbe Million Menschen, an einem Ort versammelt, von einem Geist beseelt, sie fühlten sich alle wie Brüder und Schwestern. Wir weinten, wir fielen einander in die Arme, wir küßten uns; aber wir weinten bei dem Gedanken, wie elend wir gewesen waren, wie gut und wohlgesinnt wir in dieser Stunde waren, wir weinten vielleicht auch deswegen, weil wir ahnten, wie zerbrechlich dies alles war. – Und nachher, am Abend, da zog ganz Paris auf die Straßen und Plätze! Die Familien aßen ihre Mahlzeit auf dem Gehsteig; Alte und Kranke wurden aus den Häusern getragen, Speisen und Getränke wurden auf Staatskosten verteilt; das war das Laubhütten-Fest, die Erinnerung an den Auszug aus der ägyptischen Knechtschaft; das war das Fest des Saturns, die Wiederkunft des Goldenen Zeitalters! ... Und dann ...«

»Kamen Marat, Danton und Robespierre ...«

»Ja, Robespierre, der Meistgehaßte, war nicht schlimmer als Ludwig XI. oder Heinrich VIII.«

»Ein Mörder ...«

»Der Richter ist kein Mörder, und der Henker ebensowenig ...«

»Immerhin, das Goldene Zeitalter ist vergangen, wie es gekommen war!«

»Doch es wird wiederkommen!«

»Nicht mit Bonaparte!«

»Nein, nicht mit ihm, aber durch ihn ...«

»Wer ist er?«

»Ein Korse, geboren im gleichen Jahr, in dem Frankreich von seinem Land Besitz ergriff. Er kommt, um Rache zu nehmen, und weil er sich niemals als Franzose fühlen kann, wird er unser Land lediglich für seine Ziele benutzen. Aber trotzdem, trotz seiner unerhörten Selbstsucht, seiner Laster und Verbrechen wird er der Menschheit dienen, denn alles dient ihr!«

»Und danach?«

»Wer kann's sagen? Wahrscheinlich geht es gut voran wie bisher, bald vorwärts, bald eine kleine Pause, und dann wieder vorwärts!«

»Und dann taucht das Alte wieder auf ...«

»Nun ja, so wie der Ertrinkende: dreimal kommt er wieder hoch, um nach Luft zu schnappen, aber beim vierten Mal bleibt er auf dem Grund. Oder wie bei den Wiederkäuern: ein paarmal ein kleines Aufstoßen, ein Wiederkäuen, und dann, wenn alles Vorhandene in den Kreislauf aufgenommen ist, geht's ab durch die Speiseröhre!«

»Glaubst du an die Rückkunft des Goldenen Zeitalters?«

»Ja, ich glaube daran wie Thomas: wenn ich es sehen kann! Aber ich habe es gesehen! In dem Augenblick auf dem Marsfeld, an den ich gerade erinnert habe, sah ich es; und wir ahnten die Zukunft, wir waren voll Gewißheit, als hätten wir eine Offenbarung aus der Ferne erhalten; doch wir waren voll Ungewißheit, ob sie sich nun sogleich einstellen würde.«

»Wie lange sollen wir warten?«

»Wir sollen nicht dasitzen und warten, sondern wir sollen arbeiten, dann vergeht die Zeit. – Die Gelehrten sagen, der Hügel Montmartre hätte eine Million Jahre benötigt, um sich aus dem Wasser zu sedimentieren! Nun wohl, unsere Geschichte ist nur dreitausend Jahre alt; in dreitausend Jahren kann die Menschheit anfangen, über ihre Vergangenheit nachzudenken, und in sechstausend Jahren ist vielleicht erkennbar, daß die Verbesserung eingetreten ist! Wir sind ungeduldig, Herr, und hochmütig! Und trotzdem geht es schnell! Vor dreihundert Jahren erst wurde Amerika entdeckt, und jetzt ist es eine europäische Republik; Afrika, Indien, China, Japan sind erschlossen, und die ganze Erde gehört bald zu Europa! Sehen Sie nun die Verheißung Abrahams: ›In deinem Samen sollen alle Geschlechter gesegnet werden!‹ – sie ist auf dem Weg, sich zu erfüllen, auf dem Weg, sage ich!«

»Abrahams?«

»Ja, haben nicht Christen, Juden und Mohammedaner teil an der Verheißung?«

»Christen aus Abrahams Samen?«

»Durch Christus, der aus Juda war, sind wir geistig gesehen Abkömmlinge von Abraham. Ein Glaube, eine Taufe, ein Gott und Vater aller!«

»Ich habe dir zugehört, und ich möchte sagen: Dein Glaube ist groß, und der hat dich erlöst!«

»Wie er die Menschheit erlösen wird!«

Nun verstummte das Gespräch, denn die große Glocke begann im Südturm zu läuten. Sie übertönte den Sturm, und sie füllte den Raum mit ihrem Dröhnen, so daß der Tisch und die Stühle erschüttert wurden und die beiden Menschen erzitterten. Der Alte machte einen Versuch zu sprechen, doch sein Gast hörte nichts; er sah lediglich, daß sein Mund sich bewegte. Der Alte stand auf und wies auf einen der vielen Kupferstiche.

Der stellte Anarchasis Clootz dar, den Philanthropen und Philosophen, als er sich gerade mit einer Schar Menschen im Konvent einfand, die alle Völker der Erde repräsentierte: schwarze, gelbe, weiße, kupferrote, und verlangte, man möge sie als Mitbürger in die Weltrepublik aufnehmen.

Der Graf reagierte mit einem Lächeln, halb mißtrauisch, halb freundlich nachsichtig.

Der Greis versuchte wieder zu sprechen, aber man hörte ihn nicht. Aus der Tiefe der Jahrhunderte schien das Dröhnen zu kommen; es war der Grabgesang des alten Jahrhunderts und das feierliche Einläuten eines neuen, das in einigen Wochen beginnen sollte: das neunzehnte Jahrhundert seit der Geburt des Welterlösers, der verheißen hatte, einst wiederzukehren, und der es vielleicht in dieser oder jener Weise tun wird.

Der Graf saß da und fingerte an der Papierpresse herum, der Guillotine. Er ergriff sie plötzlich und stellte mit den Augen eine Frage, worauf der Alte mit einem Nicken antwortete. Mit einer hastigen Bewegung flog die Presse in den Papierkorb.

Da verstummte die große Glocke, und Ruhe kehrte in den Raum zurück, und die Arme über der Brust gekreuzt, sagte der Graf gleichsam mit einem Seufzer der Dankbarkeit:

»Die Revolution ist zu Ende!«

»Diese Revolution! – Trauer erzeugt Geduld; Geduld erzeugt Erfahrung, und Erfahrung erzeugt Hoffnung; doch die Hoffnung läßt niemanden zuschanden werden!«

NACHBEMERKUNG

Die ›Historischen Miniaturen‹ von August Strindberg (1849 bis 1912) sind kleine Erzählungen über bekannte Männer und Frauen der Weltgeschichte, über Geschehnisse und Begebenheiten aus ältester Vergangenheit bis hin zum Zeitalter Napoleons. Es sind aus Strindbergs Sicht bestimmte Schlüsselepisoden der Weltgeschichte. Die ›Historischen Miniaturen‹ entstanden im Frühjahr 1905 und gehören damit in die letzte und produktivste Schaffensperiode des berühmten schwedischen Dramatikers und Erzählers.

August Strindbergs Lebenssituation und Weltsicht hatten sich nach der Jahrhundertwende entscheidend geändert. 1899 war er nach den langen Exiljahren in Frankreich, Deutschland und Dänemark nach Stockholm zurückgekehrt. Die über zwanzig Theaterstücke, die zwischen 1899 und 1909 entstanden und zu seiner sogenannten ›Nachinferno-Dramatik‹ zählen, brachten das moderne europäische Drama in seiner Entwicklung wesentlich voran. Zu ihnen gehörten Mysterienspiele wie ›Advent‹, ›Ostern‹, ›Der Totentanz‹ und ›Ein Traumspiel‹, aber auch seine Königsdramen wie ›Karl XII.‹, ›Gustav III.‹ und ›Kristina‹, um nur einige zu nennen. Strindberg erlebte nun, daß sich ihm die Theater nicht länger verschlossen. Er knüpfte in Schweden wieder Verbindungen mit alten Freunden an und heiratete 1901 ein drittes Mal, diesmal die junge norwegische Schauspielerin Harriet Bosse, von der er jedoch 1904 wieder geschieden wurde, ohne daß er sich gänzlich von ihr trennte.

In Schweden wurden Strindbergs Bücher mehr und mehr gelesen. Die ›Gesammelten Romane und Erzählungen‹ erschienen 1899–1902, die gesammelten dramatischen Arbeiten 1903 bis 1904.

Um die Jahrhundertwende wurden auf dem schwedischen Buchmarkt die sogenannten ›billigen Bücher‹ eingeführt, und

Strindbergs Werke zählten auch hier zu den am häufigsten verlegten Büchern. ›Das rote Zimmer‹, ›Die Leute auf Hemsö‹, ›Schweizer Novellen‹ und ›Schwedische Schicksale und Abenteuer‹ wurden in hohen Auflagen verbreitet und waren insbesondere bei der Jugend populär. Mit Arthur Sjögren fand Strindberg einen Illustrator, dessen Jugendstilgraphiken eine kongeniale Ergänzung des Textes bildeten. Mehr denn je wollte der Dichter nun Prosawerke schaffen, die publikumswirksam waren und einen großen Leserkreis ansprachen.

Die ›Historischen Miniaturen‹ setzten die Miniaturtechnik fort, die Strindberg bereits in seinen ›Märchen‹ angewandt hatte. Die 1903 entstandenen ›Märchen‹ waren Gesellschaftsschilderungen in der Nachfolge E. T. A. Hoffmanns und H. C. Andersens. ›Das ist das Geheimnis mit all meinen Erzählungen, Novellen, Märchen, daß sie Dramen sind‹, schrieb Strindberg mit Bezug auf die ebenfalls in dieser Zeit verfaßten ›Neuen schwedischen Schicksale und Abenteuer‹ an seinen damaligen deutschen Übersetzer Emil Schering.

Diese Charakterisierung trifft auf die ›Historischen Miniaturen‹ in vollem Maße zu. Strindberg knüpft darin an seine historischen Dramen an und liefert gleichsam Momentaufnahmen aus der Weltgeschichte, dramatisch zugespitzte Episoden und Szenen, in denen er seine Auffassung von Geschichte reflektiert. Wie in seinem später geschriebenen autobiographischen Werk ›Ein Blaubuch‹ kennzeichnet Strindberg hier das historische Geschehen als Entwicklungsgang vom Niederen zum Höheren. Die Geschichte stellt sich in den ›Historischen Miniaturen‹ als ein dialektischer Prozeß dar, als ein Kampf des Neuen gegen das Alte und Überlebte, als eine permanente Auseinandersetzung.

Die ›Historischen Miniaturen‹ führen zu fernen Schauplätzen, auf denen Größen der Weltgeschichte schicksalsschwere Handlungen vollziehen oder in anregende, nicht selten philosophische Dialoge vertieft sind. Strindberg zeigt auch hier seine große Fähigkeit, Szenen gestalten zu können. Er betrachtet das Werden und Vergehen von Macht, Einfluß und Ideen. Wie er in seinem Bekenntnisbuch, das wir bereits genannt haben, äußert, will er ursprünglich in seinen ›Historischen Miniaturen‹ Beweise für ›Gottes Ratschlag‹ vorlegen und verarbeiten, aber dann wird doch unversehens sehr viel mehr daraus. Unwillkürlich gelingt dem Gesellschaftsanalytiker Strindberg die Einordnung der Religion in den Geschichtsprozeß, und er erläutert die historische Rolle des Christentums, den Zivilisationsfortschritt, das Ringen der gegensätzlichen Kräfte und Klassen in der Geschichte. In Strindbergs dynamische Geschichtsauffassung fließen zahlreiche progressive Ideen seiner Zeit ein und werden in souveräner Weise literarisch verarbeitet. Der Dichter, dem vielfältige Enttäuschungen beschert waren, der tiefe seelische Krisen durchlebt hat und in transzendentale Vorstellungen geflüchtet ist, findet trotz mancherlei Irrwegen immer zum eigentlichen Kern der Dinge, zur Wirklichkeit, zur sozialen Analyse zurück, und so erkennt er auch in den ›Historischen Miniaturen‹ in der Auseinandersetzung von ›Oberklasse‹ und ›Unterklasse‹ – Termini, die er bereits in seiner Autobiographie ›Der Sohn einer Magd‹ verwendet – die historischen Gesetzmäßigkeiten. Er sucht Geschichtsepisoden aus, die nach seiner Auffassung bestimmte historische Entwicklungslinien erhellen und verdeutlichen. Die Faszination der ›Historischen Miniaturen‹ liegt wohl darin begründet, daß Strindberg den Leser unaufdringlich zu neuen Einsichten führt, seine Anteilnahme weckt, Zustimmung erheischt oder zuweilen Ablehnung provoziert, daß er bekannten und unbekannten historischen Figuren ein eigenes Leben einhaucht und über sie das Verständnis für welthistorische Zusammenhänge zu fördern sucht.

Nicht alle Miniaturen sind von gleicher Qualität und Ausdruckskraft. In unserer Ausgabe haben wir versucht, aus den vorhandenen zwanzig Geschichten die künstlerisch und gedanklich besten auszuwählen, wobei wir die chronologische Reihenfolge beibehalten haben, um ein relativ geschlossenes Bild von den historischen Intentionen des Autors zu geben.

Mit der einleitenden Geschichte ›Die ägyptische Knechtschaft‹ knüpft Strindberg an ein biblisches Motiv an, nämlich an die Auffindung des ausgesetzten Moses in Ägypten. ›Der Halbkreis in Athen‹ hat die griechische Antike zum Schauplatz; es treten hier bekannte Politiker und Philosophen, darunter Sokrates, auf, und es wird gezeigt, wie einige von ihnen in den Machtkämpfen jener Zeit für den historischen Fortschritt wirken. Thomas Mann und Bertolt Brecht haben später, Strindbergs Vorbild folgend, ähnliche Themen in ihrer Epik aufgegriffen.

Der Kampf des Christentums, das im historischen Zusammenhang des römischen Kaiserreichs von Strindberg als die Ideologie der Unterdrückten gesehen wird, spielt die zentrale Rolle in ›Das Tier‹, und in ›Apostata‹ erläutert der Autor die sich wandelnden historischen und ideologischen Konstellationen im vierten Jahrhundert am Beispiel einer Szene aus dem Leben des Julianus in dem von den Römern noch beherrschten gallischen Lutetia (Paris). Um den Einfluß neuer Völkerschaften und die damit verbundene veränderte Situation in Europa geht es in ›Attila‹. Im Jahr 453 wollte Attila den längst geplanten Heerzug gegen Ostrom beginnen, doch mitten in den Vorbereitungen zu diesem Krieg starb er. Sein Tod leitete bekanntlich das überaus rasche Ende der selbständigen hunnischen Geschichte ein.

In ›Laokoon‹ setzt sich Strindberg auf sehr eindrucksvolle Weise mit dem Romerlebnis des Reformators Martin Luther auseinander. Luther, der bereits 1508 Professor für Moralphilosophie in Wittenberg geworden war, unternahm seine Romreise 1510 bis 1511. Für Strindberg ist Luther ein Revolutionär, der die alte Welt umgestalten will. Bereits im Jahr 1903 ließ Strindberg sein Lutherdrama ›Die Nachtigall von Wittenberg‹ erscheinen, das jedoch erst 1914 am Deutschen Künstlertheater in Berlin uraufgeführt wurde.

›Old Merry England‹ gibt Einblick in die politischen und religiösen Kämpfe zur Zeit Heinrichs VIII. (1491–1547), der 1509 englischer König wurde. Als absoluter Herrscher vollzog er 1534 den Bruch mit der Papstkirche in Rom, um seine Macht zu stärken. Er ließ den in dieser Geschichte auftretenden Thomas More (1478–1535), den berühmten Philosophen, Staatsmann und utopischen Sozialisten, hinrichten, um seine politischen

Ziele durchsetzen zu können. More hat bekanntlich in seinem Werk ›Utopia‹ ein neues, von kommunistischen Zügen geprägtes Gemeinwesen entworfen.

›Der Große‹ ist ein faszinierendes Genrebild über Peter I. (1672–1725), der seit 1682 russischer Zar und seit 1689 Alleinherrscher war. Strindberg stellt den Zaren so dar, daß der Leser wirklich den Eindruck gewinnen kann, dieser Mensch sei fähig gewesen, die wirtschaftliche, militärische und kulturelle Rückständigkeit Rußlands zu überwinden, Heeres- und Verwaltungsreformen durchzuführen, Handel und Gewerbe zu fördern und im Nordischen Krieg gegen die Schweden den Zugang zur Ostsee zu erzwingen. Strindberg entwirft ein im großen und ganzen äußerst positives Bild von Peter I., der das absolutistische System festigte und die Großmachtstellung Rußlands begründete. Peters Gegner, den Schwedenkönig Karl XII., hat Strindberg übrigens in seinem bekannten historischen Drama keineswegs so anziehend geschildert, obwohl gerade Karl XII. bei Strindbergs konservativen Zeitgenossen immer noch als ›Heldenkönig‹ verehrt wurde.

Ins 18. Jahrhundert führt uns die Miniatur ›Die sieben guten Jahre‹, die aus zwei längeren Episoden aus dem Leben Voltaires besteht. Strindberg, der den scharfsinnigen, antifeudal denkenden Gesellschaftskritiker Voltaire hier mit geschliffenen Sentenzen ins Bild setzt, untersucht erneut Triebkräfte im europäischen Kräftespiel der damaligen Großmächte und erkennt dabei charakteristische Wesenszüge des neu aufgestiegenen Feudalstaats Preußen.

Die auch in der Originalausgabe letzte Geschichte ›Gerichtstage‹ führt den Leser in die Turmstube des ›philosophischen‹ Glöckners von Notre Dame am Tag des 18. Brumaire. Aus Barmherzigkeit hat der Alte einen Grafen bei sich versteckt, der von den Kräften der Französischen Revolution gesucht wird, nun aber wieder ›bessere Zeiten‹ wittert. Charakteristisch für Strindbergs dialektisches Verhältnis zur Geschichte ist eine Replik am Ende dieser Episode. Auf die triumphierende Feststellung des Grafen, die Revolution sei aus, läßt Strindberg den Glöckner erwidern: ›Diese Revolution‹. Nach Strindbergs Geschichtsverständnis kennzeichnen revolutionäre Veränderungen den Gang der Weltgeschichte.

In den siebziger Jahren hatte Strindberg einmal – im Zusammenhang mit seiner umfangreichen kulturhistorischen Darstellung ›Das schwedische Volk‹ – den Gedanken geäußert, die Geschichte sei nicht in erster Linie die der Könige, sondern diejenige des Volkes. Diese zutiefst demokratische Geschichtsauffassung, die natürlich in einem krassen Widerspruch zu der das Herrscherhaus verherrlichenden offiziellen Geschichtsschreibung in seiner Heimat stand, drückte sich auch später in seinen historischen Dramen aus und prägte die ›Historischen Miniaturen‹.

Hans-Jürgen Hube

INHALT

Die ägyptische Knechtschaft
5
Der Halbkreis in Athen
27
Das Tier
57
Apostata
68
Attila
93
Laokoon
107
Old Merry England
128
Der Große
149
Die sieben guten Jahre
168
Gerichtstage
185
Nachbemerkung
197

ISSN 0233-1047
ISBN 3-7351-0055-4

Insel-Verlag Anton Kippenberg, Leipzig
Erste Auflage
Lizenz-Nr. 351/260/19/89 LSV 7341
Gesetzt und gedruckt in den Druckwerkstätten Stollberg,
gebunden in der Kunst- und Verlagsbuchbinderei Leipzig
Schrift: Didot
Überzuggestaltung: Ellena Olsen
Printed in the German Democratic Republic
Bestell-Nr. 787 325 5